Matthias Quad

Die Jahr Blum

Ein kurzer Auszug und Begriff aus vielerlei Jüdischen, Griechischen,

Römischen und Deutschen Scripten

Matthias Quad

Die Jahr Blum
Ein kurzer Auszug und Begriff aus vielerlei Jüdischen, Griechischen, Römischen und Deutschen Scripten

ISBN/EAN: 9783743680661

Hergestellt in Europa, USA, Kanada, Australien, Japan

Cover: Foto ©Thomas Meinert / pixelio.de

Weitere Bücher finden Sie auf **www.hansebooks.com**

Die Jahr Blum/

Das ist/

Ein kurtzer Außzug vnd Begriff auß vilerley Jüdischen/ Griechischen/ Romischen vnd Teutschen Scribenten/ darinnen alß in einer ordentlichen vnd verstendigen Summa begriffen seind fast alle Jahren von Erschaffung der Welt an/ biß auff diß gegenwertige Jahr.

Darauß
Der Monarchien succession/ viler Reich auff vnnd vndergang/ namhaffter Völcker vnder Juden/ Heiden vnd Christen/ Kriegen vnnd Thaten: Berhümbter Personen als Potentaten/ Heerführer/ Tyrannen/ Martyrer/ Gelehrten vnd Künstner. Geburts/ Lebens vnd sterbens Jahr/ newe fünd/ Geistlicher vnd Politischer Ceremonien auff vnd abbringung/ on alle müh mag erlernet werden.

[Allen frommen Teutschen vnd der Antiquiteten liebhabern zu gefallen in alsolches Handtbüchlein zusamen gelesen/ welches zuvor also nie in Truck außgangen/ vnd in lustige Reimen verfasset/

Durch
Matthis Quaden Formschneider.

Getruckt zu Straßburg/ B. y Anthoni Bertram/
In verlegung Johan Büssemechers.
Im Jar Christi/ M. D. XCV.

HORATIVS.

Quicquid præcipies, esto breuis; vt cito dicta
Percipiant animi dociles, teneantq́ fideles.

Wer vil vnd grosse ding geschwind
Begreiffen will in seinem sinn/
Auch andre lehren; derselbig sey
Verstendig/klar vnd kurtz dabey.

Zum Günstigen Leser.

AVß vilen Blumen böß vnd gut
Den honig das Bienlin samlē thut/
Ein gring anzal/doch köstlich gar
Welchs sie all bringt in jhre Katz:
Also auch vnser Quad gewiß
Auß viln Historiographis
Diß Blätter hat zusamen bracht/
Auß denen alln ein blümlein gmacht.
Groß Opera derwegen kan
Zu lesen meiden jederman
Nachsuchen sparn/ in andern sachen
Dieselbig zeit zu nutz jhm machen/
Der nur begert das Jahr zusehn
Wann diß oder jhenes sey geschehn.

Guilhelmus Fabricius
Hildanus.

A ij

Dem Ehrnhafften / Kunstreichen vnd weitberümbten Heinrich Goltzen / Malern vnd Kunstschneidern zu Harlem in Holland / meinem insonders günstigen guten günner vnd freunde.

O du noch lebst vnd bist gesundt
Henrice mein / zu dieser stundt /
Solchs bringt mir allzeit freuden vil.
Hör was Jch weiter sagen wil.
Weil deinr geschefften groß vnd klein
Sehr vil / auch schwer vnd wichtig sein;
Vnd wunder ist / das sie dein hirn /
Sinn / vnd vernunfft nit offt verwirrn:
Deßhalben du auch fengest an
(Wie Jch allhie vernommen han)
Ein Blumen garten schon vnd zart
Zu samlen darin mancher art
Von frembden vnd inheimischen
Gewächsen / Blumen / Folien
Zu schawen werden sein mit lust
(Wie dir am besten selbs bewust)
Drin du bißweilen auch dein zeit
Zu bringest mit ergetzligkeit;
Derhalben Jch dein alter freundt
Der dir als seinem hertzen günd̄t /
Dir diese JAHRBLVM schicke zu
(Mit lieb du sie entfangen thu)
Villeicht sie dir im Garten dein
Auch einigs wegs wirdt nutzlich sein.
Was sie geb für geruch von sich
Die handlung wird wol lehren dich.

A iiij

Wünsch dir dabey/glück/heil vnd sterck
Zu deiner Kunst vnd edlem Werck
Welchs von dir zeuget offenbar.
Fahr fort/vnd es werd jmmer wahr
Was ich eins mals geschrieben han
Auß England (wo du gdencks daran)
Bist du's so jetz/vnd bleib es hin/
Vnd werd vnendlich dein gewin/
Vnd weil du hast werd dir gegeben/
Daß dein Ruhm weit vnd breit muß schweben/
Dann du mit Kunst gantz vberlauffst/
Vnd endlich noch parium ersäuffst.
Hiemit befohln in Gottes händ
Der allen vnfall von euch wend.
Grüß mir Joannem Damium
Mein Ohmen/ewren Lehrer fruiß.
Joannem auch von Dotecum
Vnd seinen Sohn Baptisten fruiß/
Welch andre Meister jhrer zeit
Mit ehren vbertreffen weit:
Dein Vatter auch Joannem Goltz
Von dem herkam die Künstner stoltz.
Nichts/dann diß/sag ich weiter mehr/
Gott bhüt ewr Seele/Leib vnd Ehr.

     Matthis Quad von Kinckelbach
      Dauentriensis.

Vorred des Lesers vnd Schreibers.

Hu trawter Schreiber mein beger/
Wo fern es dir nit fällt zu schwer:
Die gantze zeit/Tag/Jahr vnd Stund
Falln mir gar thewr/wie dir selbs kundt/
Dann ich vil Bücher lang vnd breit
Zu vberlesen hab kein zeit:
Wüßt gleichwol gern gantz ordentlich
Was fürnembst zu getragen sich
Von bgin der Welt biß auff das Jahr
Welchs heut bescheint die Sonne klar.
S. Dein Bitt all ist sie redlich schon
Muß man gleichwol die gfahr außstohn
Ob jedem sey gedient damit
Vnd gantz dawider rede nit.
Dann weils nit eytel Tugent sindt
Was ich vberall beschrieben findt/
Notwendig sein muß ein Parthey
Dern solchs mit oder zwider sey.
Darneben weils auch offt geschicht
Wann man vil dingen hat gedicht/
Auch fleissig all Ortographey
Vnd zahl hat vbersehen frey/
Die Trucker durch nachlässigkeit
(Mit glauben kan/auß Neidigkeit)
Offt gute ding gantz corrumpiern/
Wenig distinctl obseruiern:
Dadurch der Author dann veracht
Oder ja offt wirdt zu spect gemacht/
L. Ligt nichts dran/thu nur den gefallen
Mir/vnd sonst meines gleichen allen/
Erzehles vns nur kurtz vnd gut/
Ein klein form besser sehren thut
Wie gstellet sey die gantze Welt/
Dann daß man weit zu hör vber F. helt

Vnd

Vnd vergeß also das erste Land
Eh man das zweite hab erkant.
Auch weil ich merck dein Stilus sey
Beflecket mit keiner Schmeicheley/
Auch keines Ehr gern greiffest an
Du habst erst gut bericht dauon.
Zu dem wirde die erzehlung fein
Mir auch ein halb Kalender sein
Der Martyrer vnd Heilgen gut/
Wenn solchs die Jarzal bringen thut.
Verseh mich auch vnd trawe fest
Der Trucker werde thun sein best.
S. Auff dein begeren will ichs dann
Mein guter Leser fangen an.

                                              Der

Er gwaltig Gott im Anbegin
Himmel vnd Erd/ vnd was darinn/
Nemlich die streittend Element/
Das Gstirn/ vnd weites Firmament
Auß nichts erschuff/ durch seine Hand/
Vnd vnermeßlich groß verstandt.
Vnd hat also die gantz Natur
Von disem Gott sein anfang nur.
Der Garten Eden/ welchen man
Das Paradeyß auch nennen kan/
Gelegen gegen Orient
Des heiligen Lands/ nachmals genennt
Das Land Mesopotamia;
Vier grosser flüß durchlieffents da/
Der Ganges vnd Tigris genant/
Euphrates/ Nilus wolbekant/
Den sechsten Mertz auch Adam ward
Erschaffen von der Erden zart
Auff dem Damasceneschen grundt
So ausser dem Lustgarten stund.
Ein weil darnach / im Paradeyß
Das Weib erschaffen wirdt mit fleiß/
Von Adams Rippen/ als er schlieff/
Vnd war im Schlaff versuncken tieff.

  Ihr zeit war kurtz im Paradeyß;
Als sie von der verbotnen Speiß
Beid gessen hatten/ Raziel
Der Engel sie außtreibet schnell/
Hin auff den Acker Hebron gnant
(Ward nachmals der Hebræer Land)
Allda der arme Schweiß vnd Blut
Mit sim Gemahl der Even gut

In

In harter arbeit fruͤh vnd spahe
Sein narung sucht auff Gotts berahe.
Ihr bester trost vnd hoffnung war
Des Weibes Samen offenbar.
That schwere buß im elende sein/
Auch gmacht hat etlich Psalmen sein.

15   Cain ihr erster Sohn geborn.
30   Nach jhm der Abel außerkorn;
    Ein Schäfer wardt/ vnd opffert Gott/
100 Vom Cain wirdt geschlagen dot.
    Fraterno primæ maduerunt sanguine Terræ
Ein Jungfraw vnd ein Priester gut
Darzu ein Martyr sterben thut/
Vnd fieng erstlich in diesem man
Der rechte Christen Orden an:
Abel der erst der doten war/
Cain der erste mörder zwar.

Vff dem Damascenischen ort
Find ich geschehn sey dieser mort:
Den namen darumb/ achtet man/
Sol von der farb bekummen han/
Dieweil das frumb vnschuldig blut
Noch heut das Erdreich ferben thut.

   Cain fengt an das Jackern mit/
Das sähen/ vnd den Erndes schnit/
Mit Enoch seinem Sohn begindt
Das hüttenbawen gar geschwindt/
Auch andre lehret wie man sol
Maß/ Elen/ Wicht gebrauchen wol.
Erstlich ein ort erbawen thett
Welches den namen Nais hett.
Als sich des stam̃ gemehret hat/
Erbawten sie Enoch die statt.   Nach

Nach etlich Jahr der stoltze man
Erstlich fengt ein regierung an.
(Jhr König wol an mercket das
Cain der erste Stiffter was)
    Hernach so kumpt auch auff die Welt   130
Seth Adams sohn / der vns vermelt
Deß Himmels vnd der sternen lauff/
Bringt die Hebraisch littern auff.
Seth zeugen thut den Enos frey   235
Alt hundert vnd funff Jahr dabey.
Enos der zeuget Cainan/   325
Als er das neuntzigst Jahr gewan.
Alt sibentzig Jahr zeuget schnel   395
Der Cainan Malaleel.
Malaleel zeugt Jared bald   460
Nu funff vnd sechtzig Jaren alt.
Jared den Enoch zeuget zwar   622
Alt hundert zwey vnd sechtzig Jahr.
Mathusalem kompt auff die Welt/   687
Sein Vatter Enos drinnen zelt
Funff gantzer Jahr denselben tag
Sechtzig dabey / als ich euch sag.
    Adam thut sterben / als er war   930
Neun hundert alt / vnd dreißig Jar/
Caluaria das Erdtrich hieß
Daer sich hin begraben ließ;
Nachmals man jhn verführen thut
Biß vff den acker Hebron gut.
Gott auß der Welt den Enoch nam.   986
Deß Noha sein geburts tag kam/   1056
Lamech jhn zeuget / als er war
Alt hundert zwey vnd achtzig Jar.
                  B ij   Die

1656 Die Sündfluß als ertrencket gar/
Ohn was in Noæ Kasten war.
1657 Die Sündtfluß endt am Zehnten tag/
Man sah groß Jamer ohne klag;
Den Kasten da entfengt zu handt
Der Berg vff Griechisch Taurus gnant/
Gelegen in Armenia/
Den Ararat nent man jhn da.
1659 Der Sem zeuget den Arphaxat/
1694 Der nachmals Sale zeuget hat.
1724 Sale den Heber zeugen thut/
1758 Vnd Heber zeuget Phaleg gut/
Seins alters vier vnd dreißig Jar.
1788 Phaleg den Rehu zeugt fürwar
Als er was eben dreißig alt.
1790 Des Nimroths volck groß von gewalt
Vff einem weiten plan zu hauff
Ein hohen Thurn sie füren auff:
Endrung der sprachen wardt Ihr lohn;
Der platz genent wardt Babylon.
796 Nimroth zeucht in das Perserland/
Hat einen Sohn war Belus gnant
Der erst den die Aegyptisch rot
Verehren that vor einen Got;
War ein so gut Astronomus/
Das selbs vermeinet Plinius
Er sie erfunden hab zugleich;
Fieng erst an das Aegyptisch Reich.
Lebt Ascanes des Gomers sohn/
Ein Stiffter aller Teutschen schon.
Sidon bawt in Phœnicia
Ein stat genant Sidonia.

Lebt

Lebt Assur/von dem nachmals gnant   1800
Also ward das Assyrisch land.
Lud/Madaj lebten gleicher gstalt.
Rehu der zeuget Saruch bald.   1810
Saruch zeugt Nahor ausserkorn.   1850
Von Nahor Thare wirdt geborn.   1879
   Ninus der Assyrer König frey   1947
Fengt an die erste Monarchey
In Babel vnd Aegyptia
Dem besten theil von Africa.
Abraham auß Thare gboren wardt.   1949
Vnd Zara lebt/sein Hausfraw zart.   1998
Noha sein leben enden thut.   2006
Abraham zeucht in Aegypten gut.   2026
Geboren wirdt der Ismahel.   2034
Die Beschneidung kam durch Gotts befehl.   2047
Diß mal auch Zoroastes lebt
Den sein Astronomei erhebt/
Er war ein wunder seltzam man/
Ich find er sol gelachet han
So bald er in die Welte kam/
Erfunden hat die Magiam.
Das Königliche Regiment
Der Scythen/Tanaus anfengt.
Osyris lebt auch dieser zeit/
Isis sein Weib berühmet weit.
Orus Apollo richtet an
Gut Policey/ein ehren man
Bey den Aegyptern; wie er das
Vom Abraham berichtet was.
Togarma der auch Magog heist/
Von Im die Türcken komen meist.

                        B iij

         Sambetha/ sunst Erythrea gnant/
         Die erst Sibilla wol bekant.
2048 Gomorra mit Sodom vergieng.
2049 Das leben Jsaac entfieng.
         Semiramis deß Nini fraw
         Fengt an den Babylonschen baw.
2085 Die frumm Ertzmutter Sara stirbt.
2088 Rebeccam Jsaac erwirbt.
2109 Jacob vnd Esau sindt geborn.
2192 Stirbt Abraham/ bleibt vnuerlorn.
         Lebt Mannus/ vnd der Hermion/
         Zwen stoltze Teutsche Fürsten schon.
2185 Jacob der fleuht in Haram hin/
2192 Die Rachel trawt er da geschwin.
2205 Jacob wirdt Jsrahel genendt.
2214 Sein dochter Dina wirdt geschende.
2215 An Benjamin die Rachel stirbt.
2219 Joseph verkaufft: doch nit verdirbt.
2228 Der Jsaac auch sein ende nam.
2229 Joseph auß der gefengnus kam.
2238 Jacob mit all den Kindern sein
         Die ziehen in Aegypten hnein.
         Cres erster König Cretæ gwis/
         Ein sohn des Demogorgonis.
         Cambriuius vnd Vandalus
         Auch lebten/ vnd der Teutonus.
2255 Jacob stirbt in Aegypten gut.
2309 Joseph sein sohn desßgleichen thut.
         Lebt Ingeuon ein Furst von macht
         Der alten Teutschen hochgeacht.
         Tithoës ein Bawmeister gut/
         Auch Pelosucus leben thut/

                                Welch

Welch beyde stiffter gwesen sindt
Der Aegyptischen Labyrinth.
Memphis so man jetz Alcair heist/
Die wunderwerck Aegypti meist
Erbawt werden vom Epapho/
Der auch genant wirdt Pharao.
Gotts Priester Aaron wirdt geborn.   2371
Sein bruder Moses ausserkorn;   2373
Tödt den Aegypter. Vnd die statt   2415
Corinthus Jhren anfang hat.   2453
Der Außzug auß Aegypten lande.
Die zehn Gebott durch Gottes handt
Geschrieben/Mosi geben sein/
Der auch beschrieb Fünff bücher fein.   2462
Cecrops der erst in diesem Jar
Athenienser König war:
Auch selbs Athen die brumpte statt
Jm Griechenlandt erbawet hat.
Minos Cretenser König frey
Auch ordnen thet gut Policey.
Der kunstreich meister Dædalus
Lebt/vndsein sohn der Jcarus.
Moses vnd Aaron sturben zhandt/   2493
Kamen nicht ins gelobte Landt.
Ein Reich begint der Magedon   2500
Osyridis gewessner sohn/
In der Landtschafft Emathia.
Auch waren in Jtalia   2550
Die Riesen gnant Lestrigones.
Begundten die Allobroges.   2600
Jaël die Jndin wolgemuth   2613
Den Sisaram durchnageln thut.

       Josua

2730 Josua oberster Hauptman war.
2747 Stirbt/alt hundert vnd zehen Jar.
Cadmus die stat Bœotiæ
Thebas erbawt: vnd Semele
Die Dochter sein/den Bacchum gut
Durch Jouis hülff gebehren thut.
Cadmus hat auch vmb diese zeit
Die Griechisch littern außgebreit/
Entfangen von den Juden zwar.
2756 Priamus Troianisch König war.
2769 Sein sohn der streitbar Hector lebt/
2770 Den Griechen manlich widerstrebt/
2776 Wirdt vom Achille vmbgebracht.
Vil list man wider Troi erdacht.
Achilles der lest auch sein haar:
Endtlich die stat/Zehn gantzer Jahr
2779 Belegert/wirt gantz abgebrant.
2784 Aeneas in Latiner Land
2785 Fleugt. Da des Königs dochter trawt.
2786 Lauinium die stat Er bawt.
2787 Wirdt König da. Nach jhm sein sohn
2790 Ascanius entfengt die Kron.
Auch Pylades der trewe lebt/
Mit seim Oreste vmbher schwebt.
Circe die gwaltig Zauberin
Beraubt vil Helden jhrer sin.
Pelops regiert in Griechenland
Das orth Peloponnesus gnant.
Die pfeiffen aufforingt Pan der Hirt/
Nachmahls der Schäfer Abgot wirdt.
Auch Gedeon jetz leben thut
Auß dem stammen Manasse gut.
       Simson

Simson Richter in Jsrahel.	2791
Diesen erfolget Eli schnell.	2811
Alba die lang / erbawet wirdt.	2814
Lebt Samuel der trewe Hirdt.	2827
Der dritte Syluius regiert.	2828
Aeneas Syluius der viert.	2857
Jn Jsrahel ein Jüngling schon	2882
Saul kriegt die Königliche Kron.	
Hernach aber salbt Samuel	2891
Dauid zum König in Jsrahel.	
Nachdem regiret Salomon /	2931
Der bawt den Tempel Gottes schon.	
Lebt Atlas auß Arcadia /	2960
König in Mauritania /	
Darzu ein gut Astronomus.	
Jn dieser zeit auch Aeolus	
Der erst die Wind hat ordiniert /	
Siciliam das Landt regiert.	
Jn Juda König Rehabeam.	2971
Jn Jsrahel Jeroboam.	
Heliam Gott in Himmel nam.	3060
Capys erbawet Capuam.	3003
Jn dieser zeit die Dido gwiß	
Begint den baw Carthaginis /	
Als Jhr bruder Pygmalion	
Nun siben Jahr die Tyrisch kron	
Getragen hat / vnd noch hernahr	
Dieselb trug drey vnd dreißig Jahr.	
Jsrahels Scepter Achab hat	3028
Jn Juda König Josaphat.	3031
Das Scepter Judæ Joram hat.	3048
Jn Jsrahel der Josaphat.	3049

C   Die

Die Tyber so durch Romen leufft/
Weil Tyberinus drinn erseufft/
Entfengt von jhm den namen da/
Zuuoren hieß sie Albula.
3055 Es lebt Elisa der Prophet.
3067 Joas Judam regieren thet.
3109 Ein Berg in Rom gar wol bekant
Vom Auentino wirdt genant
Dem dreyzehenten Syluio
Welcher regiert in Latio.
3046 Procas jhn nechst erfolgen thet.
3150 Vnd lebet Jonas der Prophet.
3153 Hosea jhn erfolgen thut.
3157 Vnd der Hirdt Obadia gut.
3158 Amos lebt auch in dieser zeit.
316 Vnd Jsaiam hort man weit.
3169 Amulius in diesem Jar
Der letzt Albaner König war.
3188 Homerus lebt/ groß von verstandt/
Hat siben Stätt zum vatterlande.
3190 Micha. Nahum Propheten beid
3191 Die lebten auch in dieser zeit.
3195 Romulus vnd Remus wurden geborn
3204 Achas in Juda König erkorn.
3213 Rom wirdt erbawt mit gantzer macht.
3214 Vnd wirdt der Remus vmbgebracht.
Fraterno primi maduerunt sangune muri.
3215 Der Romulus in seinem Reich
Wirdt erster König/ richtet gleich.
3217 Hosea König Judæ gut.
3218 Darauff Hißkia folgen thut.
3251 Numa Pompilius der weiß
Römischer König wardt mit preiß.   Vom

Vom Miscelo im Welschen landt 3255
Ein statt erbawt wirdt Croton gnant.
Gebawet wirdt die statt Tarent. 3260
Von Gott wirdt Habacuc gesendt. 3284
Hesiodus ein Priester schon 3288
Der Musen im berg Helicon/
Ein gut Poët im Griechenlandt
Ist durch sein büchlin gnug bekant.
Hostilius der strenge Man 3295
Nimpt hie das Römisch Scepter an.
Ein Kampff dreyer Horatier 3299
Vnd dreyer Curiatier.
Albam Hostilius zerstört/ 3302
Die Burger all gehn Romen fürt.
Fidenam mit erobern thett. 3304
Lebt Jeremias der Prophet.
Von König war in Tuscia/ 3325
Von jhm kompt her Bononia.
Durch Blitz verbrant Hostilius.
Nach jhm kam Ancus Martius. 3326
Tarquinius Priscus folgt jhm schnell. 3350
Lebt der Prophet Ezechiel. 3351
Judith die Jüdin wolgehertzt 3352
Grewlich mit Holoferno schertzt.
Jerusalem zerstöret wirdt/ 3357
Das Volck gehn Babel weg geführt.
Lebt der Propheta Daniel/ 3363
Welcher zerstört den Abgott Bell.
Daß gsicht dem König auch erzelt
Von den vier Reichen dieser Welt.
Hetruscer sich mit Rom vertragen. 3376
Vnd wirdt der Priscus dot geschlagen. 3385

C ij De

3388 Der Tullius sein stat vertrit.
3422 Dem Danieli trawmet mit
Wie er thet sehn vier seltzam thier;
Sindt der Welt Monarchien vier.
Die kunst zu schnitzen Marmelstein
Vmb diese zeit kam vff die bein.
3431 Tullium man ermordet hat/
3432 Vnd kompt Tarquinius an sein statt/
Der sibent vnd letzte König war/
Regiert Rom fünff vnd zwentzig Jahr.
3444 Haggai der Prophet so gut
Auch Zacharia leben thut.
3454 Esther dem Weib es wol gelingt/
Der Juden freyheit widerbringt.
3455 Lucretia die Römerin
Durch vnrecht schmach beraubt der sin
Sich selbst ersticht: drumb leiden muß
Tarquinius ein harte buß.
3457 Der erste Consul Brutus gnant
Stirbt trewlich für sein Vatterlandt.
3458 Horatius Cocles der lebt/
Sein feinden manlich widerstrebt.
3459 Vnd Mutius sein eigen hant
Vors Königs angesicht verbrant.
Chloelia durch die Tyber schwimbt.
3462 Groß sterben man zu Rom vernimpt.
3464 Die ander Monarchey der Welt
Dem König Cyro nuhn heimfellt/
Der ließ die Juden wider loß
Auß der gefengnus klein vnd groß.
3476 Vil wunder ding zu Rom geschehn.
3478 Erlößt wirdt durch der Weiber flehn/

Veturia

Veturia die fürnembst war/
Ein Mutter Coriolani zwar
Der mit den Volscen Rom die statt
Vſs eusserst hoch beengstigt hat.
Im Fabier geschlecht kam vmb   3849
Drey hundert vnd sechs Man so frumb.
Den Tempel man widrumb erbawt/   3510
Der Jüden freyheit man da schawt.
Zu Rom erhub sich groß tumult/   3519
Decemuiri die hattens schult.
Virginia wirdt vmbgebracht.
Der Gallen ankunfft Rom nit lacht.   3518
Francken ein Königreich war vor/   3521
Ihr erster König hieß Antenor.
Curtius zum loch hinein springt   3605
Die gsundtheit Romen widerbringt.
Herostratus auß bösem exempel   3636
Verbrennet der Dianæ tempel.
Architas Tarentinus weit   3690
Berühmet war in dieser zeit.
Lebt Sophocles ein gut Poët.
Der Socrates auch sterben thet.
Der starcke Milo von Croton/   3700
Auch Thrasibulus vnd Conon/
Lysander / Alcibiades
Die lebten/ vnd Themistocles.
    Die dritte Monarchey fengt an
Alexander der sighafft man.
Carthaginenser krieg begindt/   3701
Der manchen Heldt auß Rom verschlindt.
Die Pœni Marcum Regulum   3715
Einn Römer grewlich bringen vmb.
            B iij   Flaminius

3749 Flaminius bleibt / vnd all sein macht/
Bey Trasimeno in der Schlacht.
3750 Noch Hannibal in einer Schlacht
Hat viertzig tausent vmbgebracht.
3755 Vor Rom der Hannibal sich macht/
Den burgern es groß schrecken bracht.
3759 Erschlagen wirdt der Haßdrubal/
Groß schrecken bringts dem Hannibal.
3768 Ein Bundtschuch sich der Knecht erregt.
Vom Lentulo wirdt niderlegt.
3774 Anthiochus der wüterich
Regiert diß zeit sehr grawsamlich.
Auch Judas Macchabeus kriegt
In diser zeit / vnd offtmals siegt.
3791 Apellis handt verbirgt sich nit/
Leusippi arbeit schawt man mit.
3816 Terentius kompt vff die Welt
In Comœdien den preiß behelt.
3820 Carthago gwunnen schrecklich brindt.
Vnd auch die edle statt Corinth.
3831 Sibentzig tausent leibeigner knecht
Die machen einen Bundtschuch recht
In der Jnsel Sicilia/
Geschlagen werden alle da.
3836 Zu Rom wardt ein Gesetz gegeben
Daß jederein solt ehlich leben.
3859 Die Zürcher schlagn das Römisch Heer/
Nichts halff Longini gegenwehr.
3860 Der Lucius Crassus starb diß Jahr/
Zu Rom ein groß Orator war.
3861 Die Cimbry auch erschlagen han.
Bey neuntzig tausent Römisch man.

Doch

Doch Marius sie wider schlegt/   3865
Drey hundert tausent Man erlegt.
Geborn wirdt der Cicero/   3875
Als Consulen der Cepio
Vnd Quintus der Serranus was/
Der best Orator/ glaubt mir das.
Sylla der strenge Römer hat   4880
Im Griechenlandt Athen die statt
Erobert mit gewehrter handt.
Amiternæ im Sabiner landt
Ein heimet wirdt Salustij
Deß trefflichen Historici.
Verbrent daß Capitolium.   3882
Vnd Sylla schlegt den Marium.   3884
Octauius geborn wardt   3889
Von Julij Cæsaris schwester zart.
Römer biß an die Donaw kommen.   3892
Mithridatisch krieg ein end genommen.   3894
Andes ein dorff gar wol bekant   3895
Wirdt deß Maronis Vatterlandt.
Macedonia kompt in Römisch gwalt.   3896
Vnd auch in Insel Creta balt.   3898
Die Meerräuber Pompeius schlegt.   3899
Vnd auch Tigranem niderlegt.   3801
Ein heimlich Meuterey anricht   3903
Der Catilina; wardt doch gschlicht
Durch Ciceronis klugen rath/
Ihrer vil tödt ohn einig gnadt.
Jerusalem gewint mit macht
Pompeius/ doch vbel bedacht
In Tempel geht vnd Heiligthum/
Wider des Priesters warnung frum.

Cæsar

3906	Cæsar kriegt am Oceano.
3909	Von Rom veriagt wirdt Cicero.
3910	Mit grossen ehren kompt widrumb.
3913	Milo ertödtet Clodium.
3917	Der Burgerliche Krieg entspringt Vil Römer gut vmbs leben bringt.
3918	Sein feindt der Cæsar vberwindt/ Die letzte Monarchey begindt/ Regiert Rom wies jhm gefellt/ Vnd wirdt ein Herr der gantzen Welt: Macht den Calender/ als ich sag/ Wie man jhn noch braucht heut zu tag.
3922	Sein gwalt bleibt nit gantz vngerochen/ Wirdt endtlich noch im Rath erstochen.
3923	Naso geborn wirdt in dem Mertz Zu Sulmo/ der vil feiner schertz. Auch vil tieffe Philosophey Hat bracht in sein Poëterey. Daß Reich zu kompt Octauio. Ertödtet wirdt der Cicero.
3933	Zum Burgermeister wirdt sein sohn.
3935	Anthonius der fleugt dauon/ Vmbs leben kompt. Cleopatra Sich selbs ertödten thut alda. Stirbt der gelehrt Pomponius Mit dem zunamen Atticus.
3947	Vergilius der bruhmbt Poet Diß Jar sein leben enden thet.
3949	Lollius wit er die Saxen gesandt Erschlagen wirdt im Teutschenlandt. IESVS CHRISTVS der wirdt geborn/ Seiner Mutter keuschheit vnuerlorn:

Zu

Zu Bethlehem/ Decembris tag
Den fünff vnd Zwentzigsten solchs geschah.

Jahren nach Christi
geburt.

Jesus cir= cumciditur	Den ersten Jenner/ Jesus zart Das edel kindt beschnitten wardt.	1
Herodes in= fantes inter= ficit	Herodes tödten ließ geschwindt Vil kleiner vnschuldiger kindt.	2
	Die Jüdisch Sect Esseer/ weit Berühmet war in dieser zeit	11
Quintilius Varus incurrit in Germania	Quintilius Varus genandt Mit all seim Volck im Teutschenlande Erschlagen wirdt/ durch Harmin stoltz/ Gschach bey dem Teutenburger holtz.	12
Tyberius regnat Titus moritur Joannes E= uangelista	Tyberius kompt ins Regiment. Tit. Linius sein leben endt. Joannes der Euangelist Vmb diese zeit beruffen ist.	17
Ouidius moritur	Ouidius zu Tomos stirbt/ Vngnedig im Elendt verdirbt.	22
Pilatus regnat	Pilatus in Judæam kümpt/ Vnd die Verwaltung da annimpt.	26
Christus	Getaufft wirdt Christus im Jordan/ Vnd fengt darauff zu predigen an.	30
Lucanus Cordubæ nascitur	Der Poët Lucanus außerkorn Zu Corduba wirdt auch geborn.	31
Herodes capit Joannem	Herod. Joannem fangen hieß/ Vnd jhm das haupt abschlagen ließ.	32
Christus à Juda tradi= tur	CHRISTVS der Heilandt aller Welt Verrahten wardt vmb schnödes gelt	34 1 April.

Durch

Judas traditor

                    Durch Judam seiner Jünger ein
                    Mit einem Kuß auß falschem schein.

Christus crucifigitur die   2 April. Der Priester Orden nimpt jhn hin/
veneris ante paschatis   Pilato lieffern thut geschwin/
                    Der Jhn nach marter vil vnd groß
                    Ließ negeln an das Creutze bloß.
                    Vnd sah man solche not vnd Klag
                    Des Freitags vor dem Ostertag.
                    Des abents wardt begraben mit/

Resurrectio Domini.   Der Todt Jhn doch verzehret nit.
                4 April. Am Ostertag mit gewalt vffsteht/
Post quadraginta dies ascen- 11 Maii. Vil seiner freünd entgegen geht.
dit ad coelos   Nach viertzig tagen von der Erdt
                    Hinauff zu seinem Vatter fehrt:
                    Sein Jünger all vff Erden ließ/
                    Vnd was sie gsehn/ erzelen hieß.
              21 Maii. Den zehnten tag nach der Auffahrt/
                    Der Heilig Geist gesendet Wardt.
              35   Sanct Steffan gworffen wirdt zu todt.
                    Paulus bekehret sich zu Gott.
                    Sanct Petrus ein fast alter Man
                    (Wie die Geschrifft selbs zeiget an)
                    Der Juden Lehrer wardt erkant;
                    Vnd Paulus zu den Heiden gsandt.
                    Legenden Buch bezeuget klar
                    Sanct Petrus sey im nechsten Jahr
                    Nach Christi Leiden/ angelent
                    Zu Rom/ vnd da das fundament
                    Der Kirchen glegt/ dern (wie man glaubt)
                    War fünff vnd zwentzig Jahr das Haupt.
              37   Daß erst Consilium der Alten
                    Wardt zu Jerusalem gehalten.

                                        Ein

Ein grosse thewrung Ich jetz meldt/
Die gieng fast durch die gantze Welt.
Genebrardus in seiner Jahrgeschicht   44
Von Petri Bapsthumb vns bericht/
In diesem Jahr der Heilig Man
Fieng erst zu Rom daß Bapsthumb an;
Von dannen auch vil Bischoff/ all
Entsprossen auß seinr Jünger zal/
Zu predigen hab abgesandt
In Franckrich vnd in andre Landt.
Orosius streit/ Sanct Petrus sey   45
Im anfang Keysers Claudij
Gehn Rom hin komn/vnd sol da han
Daß Bapsthumb erst gefangen an.
Hieronymus sagt/ Im zweiten Jahr   46
Von Petro solchs geschehen war.
Im Temporum Fasciculo   48
Vom Petri Bapsthumb findt Man so
Im vierten Jahr des Claudij
Gehn Rom daß Petrus kommen sey/
  Glaub nun ein Jeder wem er wil/
Er wirdt doch gwinnen gleiche vil.
  Sanct Marcus der Euangelist   67
In der gefengnus storben ist.
Paulus der trewe Seelen Hirdt   71
Vmb seiner Lehr getödtet wirdt.
Der Jung Vespasianus hat   74
Zerstört Jerusalem die Statt.
Drey tausent Juden führt er mit   75
Gefenglich/ der verschonet nit;
Man sie gar kurtz/ wie Titus hieß/
Die wilden Thier zerreissen ließ.

D 2 Cerinthum

83	Cerinthum auch den Kätzer hat Erschlagen ein gewölbtes badt.
100	Der Poet so Martialis gnent In schrifften lustig vnd verwent Lebt dieser zeit/ vnd Plinius/ Auch Sillius Italicus.
107	Keyser Domitianus schnödt Mit siben wunden wirdt getödt.
126	Bapst Alexander stifft behent Den Wasserbrauch im Sacrament; Weywassers brauch auch hat gestifft Wider daß gespenst vnd teuffels gifft.
153	Gtödt wirdt Sanct Apollonia In der Statt Alexandria
156	Anicetus Bapst außruffet weit Das bschoren werd die Geistligkeit.
161	Claudius Ptolomæus lebt/ Den sein Geometrey erhebt/ Vnderm Keyser Anthonius gnant Welcher sighafftig vberwandt Der Quaden vnd Marckmenner schar/ Welch hatten jhn vmbfangen gar.
170	Polycarpus auch der Lehrer thewr/ Gemartert wirdt durch schwert vnd fewr.
200	Tertullianus dieser zeit Durch Schrifften sein berühmet weit: Darneben find ich er auch schreib Ein bsonder Buch an sein Ehweib.
262	Geköpffet Cyprianus wirdt/ Carthaginenser Seelen hirdt.
265	Auß Spanien Laurentius Verbrant wirdt der Diaconus.

Sebastia-

Sebastianus auß Meyland 287
Die warheit Christi hat bekant/
Diocletiano solchs verdroß/
Mit pfeilen grewlich jhn durchschoß.
Sanct Cosman vnd Sanct Damian 288
Ließ köpffen Diocletian/
Sindt beid gewesen brüder frey
Vnd Meyster in der Artzeney.
Bencocchab macht jhm ein zulauff/ 300
Warff sich vor ein Meßiam auff.
Agnes die Jungfraw tugendsam 306
Durchs fewr zu Rom jhr ende nam:
Diocletianus auch so thut
Der Emerentianæ gut.
Maxentius der groß Tyran 309
Nimpt hie das Römisch Scepter an.
Vincentz wirdt zu Valentia 310
Gemartert in Hispania.
Sanct Agatha die Jungfraw zart
Vmb diese zeit auch gmartert wardt/
Keyser sich in die Tyber sprengt/ 314
Vnd mit sein gaul darin ertrenckt.
Der Constantinus Magnus gnant
Erfolgt/ bürtig auß Engelant/
Daß Scepter vnd Regirung gantz
Von Rom abfüret gehn Bizantz/
Nach seim nahmen die statt behent
Er drumb Constantinopel nennt:
Der erste Christen Keyser war/
Regiert hat zwey vnd dreyßig Jar.
Eusebius lebt wolgelehrt/ 320
Sein Schrifften man auch billich ehrt.

D 3 Auch

   Auch viertzig Rittern lobesan
   Der Keyser thut groß Marter an.
328 Lactantius ein edles Blut
   In höchster armut leben thut/
   Ein Lehrmeister deß Keysers war/
   Sein Schrifften sindt noch offenbar.
330 Daß Nicænisch Consilium
   Hielt Man wider den Arrium.
339 Sanct Helena die wirdt bekehrt
   Ein Mutter Constantini wehrt;
   Daß holtz deß Creutzes soll sie han
   Selbs funden/ vnd bewaren lan/
   Mit grosser freudt gehn Romen bracht/
   Ein silbern Kasten Ihm gemacht.
340 Würtzburg wardt zu eim Hertzogthum
   Durch Hertzog Genewaldum frum.
342 Der Christlich Constantinus stirbt/
   Vnd Jm ein ewigs lob erwirbt.
345 Sanct Niclaus stirbt/ welcher noch heudt
   Die Kinder alle Jahr erfreudt.
363 Der Keyser Julianus schnödt
   (Der sich auch endtlich selbs ertödt)
   Constantinopel Jhn gebar/
   Ein Ertz verleugner Christi war/
   Den er ein Galilæer nennt/
   Diß Jahr kompt in daß Regiment.
364 Bapst Damasus primus verbant
   Den Bapst Liberius genant.
369 Athanaricus im ersten Jar
   Bapst Damasi erwehlet war
   Zum Gothen König: erst groß leidt
   Hat zugefugt der Christenheit:

           Nach-

Nachmals er vnd sein Volck befleckt
Sindt mit der Arrianschen Sect/
Dieselb bey jhnen bleib im schwangk.
Mehr dann zwey hundert Jaren lang.
Eulogius der lebte mit/ 370
Goltschmits Patron/ vnd aller schmit.
Ein Bischoff zu Alexandria 375
Athanasius thut sterben da.
Der Keyser Valentinian
Stirbt zu Bregentz / als er hort an
Der Quaden Botschafft / welche sich
Gerochen hatten zorniglich
Wegen deß tods Gabinij
Jhrs Königs: auch dieweilen sy
Vertilgen wolten gar vnd gantz
Auß Jhrer grentz deß Keysers Schantz.
Hort man Bischoff Ambrosium. 378
Vnd hielt man ein Consilium. 386
Basilius stirbt/ der Lehrer groß/ 390
Keyser Valenti solchs verdroß.
Zu Constantinopel darnach 391
Sanct Augustin man tauffen sach.
Gregorius stirbt wol bekant 400
Auch Nazianzenus genant.
Stirbt Keyser Theodosius/
Den sehr beklagt Ambrosius.
Der Meyländische Bischoff gut/
Diß Jahr daselbst auch sterben thut. 402
Erffurdt die groß vnd weite Statt 407
Ein Müller erst erbawet hat.
Vertreibt man Sanct Chrisostomum/ 410
Der lang hat gweidt Bizanzium.

Die

4 12   Die völcker Gothen oder Hunnen
      Handt Rom die gwaltig Statt gewunnen.
4 13   Eraclianus mit gewalt
      Rüst ein Armey/ darin man zalt
      Drey tausent Schiff vnd sibentzig/
      Auß Africa nah Rom sich gibt.
4 20   Vigilius Bischoff zu Trent
      Ein Martyrer sein leben endt.
      Warmund den ersten König schon
      So da trug die Frantzösisch kron/
      Binnen Würtzburg, der werden Statt
      In diesem Jar man gkoren hat.
4 21   Der grundt ward dißmal erst gelegt
      Welcher die Statt Venedig tregt.
4 22   Hieronymus gantz andechtig/
      Der Schrifften vil ließ hinder sich/
      Gestorben ist/ wie ich vernem/
      Im flecken Christi Bethlehem.
4 23   Diß mal Paulus Orosius
      Lebt/ ein berumbt Historicus.
      Ein löblich Academia/
      So gstifft war zu Bononia/
      Vom frummen Keyser Theodoß/
      Begabet wirdt mit freyheit groß.
4 30   Bonifacius Bapst war ein sohn
      Priesters Jucundi wolgethon.
4 33   Sanct Augustin scheidt auß der Welt/
      Sibentzig sechs Jar drinnen zelt.
4 38   Die Englisch dochter Ursula
      Hoch gfeiret in Colonia/
      Vnd Jungfrawen mehr ein grosse zal
      In diesem Jar vmbkommen all.

                          Vnder

Vnder dem Keyser Maximin 450
Vmb diese zeit lebt Sanct Cathrin.
Gotts Geissel Attila genant
Wüth grausam durchs Europisch Landt.
Moroueus der auch Audax gnent 454
Den Attilam hat angerent/
Zu beiden seiten (als ich findt)
Vier hundert tausent bliben sindt.
Die Statt Rom wirdt gewunnen wider/ 455
Vnd von den Wenden gschleiffet nider.
Schloß Nennenberg gebawt ist worn 458
Von einem Römer hochgeborn.
Odoacker in Italien bleibt/ 470
Vnd sich alda ein König schreibt.
Felix der drit daß Baysthum bsaß/ 474
Ein sohn Priester Felicis waß.
Valerij des Bischoffs sohn 484
Gelasius hat die Bäpstlich kron.
Der Dieterich von Bern regiert/ 490
Zu Rom gewaltig triumphiert.
Fulgentius zu Ruspa war 500
Ein Bischoff/ solches offenbar.
Clodoueus primus hochgeehrt
König in Franckrich/ sich bekehrt;
Sein wapen wirdt drey Lilien schon/
Welch noch führt die Frantzösisch kron.
Sanct Leonhart in Franckenreich
Bey König Ludwig lebt zugleich.
Priscianus von Cæsarea 524
Floriert/ vnd sein Grammatica.
Justinianus glert vnd frum 529
Entfengt alhie daß Keyserthum;

E   Et

Er selbs hat die Digesta gmacht/
Den Codicem dabey gebracht.
534 Deß Priesters Gordiani sohn
Agapetus führt die Bäpstlich Kron.
Auch Bapst Syluerius/glaubt daß/
Ein sohn Bischoffs Hormisdæ waß.
542 Sanct Benedictus von Nuo/in
Diß Jahr stirbt. Vormals zog er hin
Gehn Cassin in Campania/
Sein Orden stifften thut alda.
544 Syluerius wirdt Bapst gekorn
Vom Bapst Syluerio geborn.
548 Zum dritten mal wirdt Rom zerstört/
Durch Totilam in grundt verhöhret.
584 Keyser Mauritz mit weib vnd kindt
Vom Phoca wirdt enthaupt geschwindt/
Der sich ins Reich getrungen hat/
Vnd bstetigt wardt durchs Bapsts primat.
603 Gregorius Magnus genant
Der zu Rom in sein Vatterlande
Dem Bapsthum vorstundt dreyzehn Jahr/
Auß dieser Welt geschieden war.
604 Der Mahomet vol böser list
In diesem Jahr geboren ist/
Der Türcken Abgott hoch geacht/
Arabia jhn zur Welt hat bracht.
606 Sanct Bonifacius wirdt gesandt
Daß er bekehr daß Teutschelandt.
607 Bapst Bonifacius der drit
Ein grossen Zwitracht führet mit
Dem Patriarchen von Bizantz/
Wer von jhn beiden bliebe gantz

Allein

Allein daß Haupt der Christenheit:
Keyser Phoca dem Bapst beysteit.
Den dreyzehnten Meytag best   610
Der Bapst setzt Allerheilgen fest.
Freyheit der Kirchen vnd Altar.   618
Für allen vbelthätern zwar
Hat gstifft Bapst Bonifacius.
In Spanien König Sisebutus   620
Die Juden thut mit gwalt beschwern/
Daß sie zum Glauben sich bekern.
Deus dedit Bapst hat die Kron;   623
Stephani deß Subdiacons sohn.
Heraclius nach langem Krieg   624
Vnd endtlich auch erlangtem sieg
Daß Heilig Creutz mit Heeres macht
Widr gehn Constantinopel bracht;
Den vierzehnten Septembris tag
Die Creutz Erhebung / als ich sag/
Insatzt; daß die gedechtnus klar
Deß grossen Siegs wer immerdar.
Isodorus Bischoff Hispalis   630
Macht vil der guten Bücher gwiß.
Sanct Gangolff Ritter wolgeacht   650
Wirdt von eim Pfaffen vmbgebracht
Der Ihm vor hat sein Weib geschent.
Pipini dochter Gertrud gnent
Lebt dieser zeit: von Ihr vil halten
Die weiber / sonderlich die alten.
Sanct Burckhart erster Bischoff war   717
Zu Würtzburg / solchs ist offenbar.
Stirbt Beda venerabilis   732
Ein glehrt vnd frummer Priester gwis.

749 Der König thut bey seinem leben
Dem Bischoff Würtzburg vbergeben.

750 Pipinus ein Hoffmeister vor
Childerichs König in Franckrich war/
Denselben er bescheren ließ
Vnd nachmals in ein Closter stieß:
Die Kron vnd gantzes Regiment
Er nah sich ziehen thut behent;
Daß Landt regiret achtzehn Jahr/
Ein vatter Caroli Magni war.

755 Bonifacius auß Engelandt
Bischoff zu Mentz mit gut verstandt/
Selbs predigt allen Teutschen gut/
Daß Closter Fulda bawen thut.

769 Carolus Magnus zu Jnglheim gborn
Erst Teutscher Keyser wardt gekorn/
Ein herzlich vnd ansehnlich Man
Der glücklich alle ding fieng an/
Vil guter Schulen stifft vnd ziert/
Ob jhm schon nachgegeben wirdt
Er sey der erste Pfaffen knecht/
Weil er den Römschen Stuhl verfecht.

791 Den zweiten tag im Februar
Sanct Burckhart stirbt in diesem Jar.

820 In der Tullenser Landtschafft sey
Geschehn/ schreibt Genebrardus frey/
Bey eim dorff Commerz gnant/ sol sein
Ein zwölff Järiges meidlin klein
Gewesen/ welchs nach niessunge
Des Sacraments/ im Monat zehn
Kein brot hab gessen; nachmals zwar
Vort außgefast drey gantze Jahr:

Wer

Wers glauben wil/ steht jedem frey/
Jchs gern wil bleiben lan dabey.
Der Bapst setzt Allerheilgen tag   840
Den erst Nouembris/ als ich sag.
Gunthram der Graff von Habspurg fein   850
Erbawt daß Schloß Scharpffen stein.
Adrian der zweit die Bapstlich Kron   873
Entfengt / Bischoffs Talati sohn.
Betzo von Habspurg verricht den baw   880
Deß Colsters Sultzberg im Brißgaw.
Von Habspurg Gebison/ den baw   893
Vollführt des Closters Weissenaw.
Jn diesem Jar Florentz die Statt   912
Gleich tausent Jar gestanden hat.
Bapsts Sergij gezeugter sohn   924
Johannes der zehnt entfengt die Kron.
Leo der sechst wirdt abgesetzt/   830
Christophorus Bapst wider Jhn gehetzt;
Nach sibn Mont gschach Jhm gleicher bossen/
Wardt abgsatzt / in ein Closter gstossen.
Johannes der zwölfft in diesem Jahr   955
Vom Römschen stul geworffen war
Durch Keyser Ottho / welcher hat
Leonem gsetzet an sein stat.
Zu Meintz ein Bischoff Hatto gnant   970
Wirdt von den Mäusen angerant/
Endlich von Jhnn gefressen gar
Jn einem Thurn/ dahin er war
Geflohen; der im Rhein gebawt/
Da er Jhm sicherheit vertrawt:
Vrsach/ er hat in hungers not
Den armen nit allein daß Brot

E iij   Geweis

Geweigert/sonder sie allsampt
Grewlich in einer Schewr verbrant.
974 Sanct Vlrich stirbt in diesem Jar
Zu Augspurg/da er Bischoff war.
Hugo Capetus mit gewalt
Erobert die Kron Franckreich bald;
Bhelt gleichwol viler Fürsten stim:
Deß Reichs der rechte Erb/mit jm
Carl von Burgundt vnglücklich ficht/
Mit Weib vnd Kindt wardt hingericht.
984 Bapst Joan der fünffzehnt offenbar
Ein sohn Priester Leonis war.
993 Der zweit Sylvester (wie man lißt
Jn dem Nauclero) komen ist
Zum Bapsthum durch die schwartze kunst:
War vormals durch Hugonis gunst
Ertzbischoff zu Remis geforn/
Auß Aquitania was geborn.
1000 Der Clöster ein vnmeßlich zahl
Vff bawen thut man oberal/
Die Griechisch Kirche solches thut
So sehr als die Latinsche gut:
Vil Ordens komen vff die bahn/
Vallis Vmbrosa zeigents an/
Præmunstratensis auch dabey/
Camald: Cisteriensis frey.
1002 Siben Churfursten man ordnen thet/
Bey den die Wahl eins Keysers steht.
1017 Keyser Heinrich gar vnbesunnen
Hat Nürenberg die Statt gewunnen
1040 Zu der zeit Berengarius lebt
Deß Bapstes lehr fast widerstrebt:

Bapst

Bapst Niclaus thet jhn zwingen sehr
Zu widerruffen seine Lehr.
Heinrich der viert / Henrici sohn/ 1056
Entfengt die Keyserliche Kron:
Regiert mit seiner Mutter rath/
Welchs nachmals vil verdrossen hat.
Gregorius der sibent / gnant
So vormals Bapst Hillebrant/
Uflösen that all Eydes pflicht
Der Fürsten / grosse Krieg anricht.
Widr Keyser Heinrichn / den er hat
In Bann gethan / vnd an sein Statt
Rudolphum gsatzt / gab sich in Bunde
Daß er seim Herren widerstundt:
Im streit Rudolff sein rechte hande
Verleurt / dran stirbt / drumb frey bekant
Gott strafft jhn so /dieweilen er
Seim Herrn Eidtbürchich worden wer.
Die Geistlichen zu dieser zeit 1074
Hatten vil mahls gezanck vnd streit:
Darumb die Leyen sich vergleichen/
D' Sacrament einander selber reichen.
Lebt Melusina wolgeziert/ 1078
Von deren man wunder fabuliert
Ein sohn solt nachgelassen han
Hieß Gotfrid mit dem grossen zan.
Bruno ein Doctor in der Gschrifft/ 1084
Hat den Carthuser Orden gstifft/
Ein gsicht hat Jhn bewegt darzu:
Zu Cöllen ligt er noch in ruh.
Wilhelm Conquestor stirbt diß Jar/ 1087
Der erst König in Englandt war.
Anthiochia

1098 Anthiochia gwunnen leidet not/
Zehn tausent Turcken bleiben todt.
Mit drey mal hundert tausent schon
Hertzog Gottfrid von Buillon
Hinzeugt/ gewindt daß Heilig grab/
Den Perser trieb er dauon ab/
Bey hundert tausent Heiden schlug/
Im Julio sich diß zutrug.
1099 Die Christen ziehen gwaltig hin/
Jerusalem sie nemen in.
1100 Hertzog Heinrich vertreibt man zhandt
Auß Beyern in daß Sachsen landt.
1107 In einer Vffruhr/ thut man sagen/
Der Meintzer Bischoff wardt erschlagen.
1116 Groß rauberey nam vberhandt
Durchauß im gantzen Franckenlande.
1122 Sanct Bernhart war ein Abbet/ schawt/
Hat Hundert/ sechtzig Clöster gbawt.
1123 Nach dem Libusca wolgeziert
Ein weil die Behmen hat regiert;
Primislaus ein Ackerman
Nimpt hie daß Behmisch Scepter an/
Ihr erster König war genent/
Vnd hielt sich wol im Regiment.
Nit lang darnach ein Junge Magt
Valasca gnant/ gantz vnuerzagt
Wil rechen der Libuscæ leidt/
Vil weiber gwint vff Ihre seidt/
Mit Krieg den König vberfellt/
Der doch mit list den sieg erhelt.
1124 Otth Bischoff zu Bamberg wolgeacht
Hat Pomerlandt zum Glauben bracht.

Lotharius

Lotharius der Keyser thut 1126
Ein schlacht mit Ulrich wolgemuth
Auß Behmen; vnd todt bleibet da
Otth Hertzog auß Morauia.
Keyser Conrad zog widern Türcken an/ 1144
Kaum widerbracht den zehnten Mann.
Bapst Rolands wirdt verschonet nit/ 1152
Victor der viert sein stat vertrit/
Zur zeit Fridrichs deß ersten zwar/
Vnd wehrt diß Schisma achtzehn Jar.
Bapst Alexander tretten thut 1178
Mit füssen Barbarossam gut.
Im Closter drey vnd viertzig Jar
Verkehrt die Heilig Jungfraw Clar.
Ein gresser Türckenzug wider war. 1188
Vnd Madeburg verbrennet gar.
Vnder dem Keyser Fridrich gut 1190
Der Teutsch Orden vff kommen thut
In Preussen/ dessen stiffter sindt
Etlich Lübisch vnd Bremer Kindt.
Ein sterben z Rom findt man beschriben/ 1213
Nur menschen zehn sindt vberbliben,
Daß Heilig grab Keyser Fridrich gwan, 1226
Prediger Orden diß Jar fieng an.
Ludwig der neunt/ auch Sanctus gnent/ 1227
In Franckrich bgindt daß Regiment.
Königs Andreæ dochter/ gnant 1231
Elisabeth/ auß Vngerlandt/
Zu Marpurg bawt den Tempel schon;
Mehr guts den armen noch geth an/
Stirbt: welch Gregorius nonus bal
Thut setzen in der Heilgen zal.

F   Die

1242.	Die halb Statt Wurmbs durchs fewr verbrindt/ Drey hundert menschen mit verschlindt.
1250	Jerusalem gern widerum Gewinnen wolt König Ludwig frum/ Zog vbers Meer mit grosser macht/ Damiatam vnder sich hat bracht: Baldt auß Aegypten der Soldan Jhn vnuerhüts thut greiffen an: Ludwig von jhm gefangen hart Mit grossem gelt rantzonet wardt.
1257	Daß Reich sibenzehn Jahr vaciert/ Vnd ohn ein Keyser wardt regiert. Hertzog Ludwig von Beyern der alt Enthauptet sein Gemahl mit gwalt.
1258	Die Juden handt in Engelant Ein Jünglin klein/ so Hatto gnant/ Gecreutzigt/ Christo nur zu schmach: Drumb Tödtman Jhrer vil hernach.
1260	Cölln die Statt vor langen zeiten Thet mit Jhrm Bischoff hefftig streiten/ Vmb der Statt schlüssel/ die sie hetten/ Vnd ritterlich erfechten theten.
1265	Dantes der Florentiner stirbt/ Vnd zu Rauenn sein grab erwirbt.
1273	Von Habspurg Graff Rudolff fürwar Römischer König wardt diß Jar.
1281	Ein Kauffstatt so Hamburg genent Zum meisten theil mit fewr verbrent.
1284	Den Thum zu Cölln/ ein groß gebew/ Beginnt man zu fundiren new.
1299	Der Malech Seraphes/ Soldan Von Babylonien/ gewan-

Jn

In Ptolomaide Tripolin/
Vil Christen kamen vmb darin.
Albertus Magnus ist geborn   1293
Bischoff zu Regenspurg erkorn;
Sein Junger Thomas Aquinas war/
Derselb gelebt hat sibentzig Jar.
Zwischen Wurmbs vnd Speir vff flachem Felt 1299
Keyser Adolff ein Schlachtung helt
Mit Hertzog Albrecht auß Oestreich
Der mit gewalt stundt nah dem Reich:
Adolphus bleibt im selben Krieg;
Albrecht wirdt Keyser nach dem sieg.
Daß Türckisch Reich fieng erstlich an   1300
Vnder dem Keyser Othoman.
Papst Bonifacius der acht   1301
Daß erste Jubel Jar vffbracht.
Die Tempelherren groß geacht   1305
Sindt all ermördt vnd vmbgebracht/
In einem hui/ durchs gantze Reich/
Clemens der fünfft sein willn zugleich
Mit andren Fürsten gab darin/
Deß Ordens renten namendt hin/
Zur Kirchen besten legtens an:
Solch straff auch wol verdienet han.
Deß Türcken Othomanni sohn   1327
Gnant Orchanes/ entfengt die Kron.
Canis zu der Leitern /Magnus gnant/   1339
Stirbt zu Veron im Welschenlandt/
Vnd hatte zwar mit gunst vnd macht
Vil Herrschafft vnder sich gebracht.
Carlus der viert in diesem Jar   1347
Römischer Keyser erwehlet war.

F 2   Vil

Vil tausent Juden sindt verbrant
So die brunnen vergifftet handt.
1368 Zu Nürenberg ein auffruhr schwar/
Von Metzlern doch gestillet war.
1373 Johan Wicleff dieser zeit lebt/
Der Römischen Lehr hart widerstrebt:
Er wardt aber in Engelandt
Viertzig Jahr nach sein todt verbrant.
1374 Der Rhein zu Cöllen war so groß/
Daß er vber die Statt maur floß.
Vnder dem vierten Carolo/
Vnd elfften Bapst Gregorio
Petrarcha der gelerte Man/
Poet vnd dichter lobesan
Geboren auß Hetruria
Stirbt in der Landschafft Padua.
Joannes der Bocatius
Ein dichter vnd Philosophus/
Der auch hat gmacht vil Bücher gut
Kurtz nach Petrarcham sterben thut.
1378 Keyser Carol sein ende nam.
Zwen Bäpst reglerten beidesam;
Dann die gantz Cardinalisch schar
Vrbano Sexto zwider war/
Clementem Sextum sie mit gwalt
An seine Statt erwehlten baldt:
Ein Schisma viertzig Jahren gantz
Biß vffs Consilium zu Constantz/
Daß alzeit warn zwen Bäpst zu gleich
In Welschlandt vnd in Franckenreich.
Keyser Sigmundt gboren wirdt zu Prag
Den fünffzehnten Hornunge tag.

Vor

Vor Reutlingen geschicht ein Schlacht.
Büchsen/Pulver/ein Mönch erdacht.　　　1380
Ein Wein Jar gut gewesen ist.　　　1386
Littawisch König wirdt ein Christ/
Jagello/vnd sein gantzes Landt.
In Beyeren geschicht groß Brandt.
Zu Cölln die Vniuersitet　　　1388
In diesem Jar man stifften thet.
Vnd war daß Wasser also Klein/
Vmb Christag ritt man durch den Rhein.
Die Schwedisch Fraw Brigitta gut　　　1390
In diesem Jahr auch sterben thut.
Zu Weyl geschicht ein grosse Schlacht.
Englandt des Bapstes Ban veracht.　　　1391
Türck thet vil Christen Volcks berauben.　　　1396
Schotlandt kehrt sich zum Christen Glauben.　　　1398
Pfaltzgraff Ruprecht zum König erwarb.
Wenceßlaus abgesetzt eh er starb.　　　1400
Nachmals Ruprecht Pfaltzgraff am Rhein
Deß Teutschenlands ein edler schein/
Der auch die grosse Kirch fundiert
Zu Heydelberg/vnd herzlich ziert/
Zu Cölln von dem Ertzbischoff schon
Entfengt die Keyserliche Kron.
Der boßhafft mörder Tamerlan　　　1402
Im Jenner stirbt/ein groß Tyran.
Die hohe Schul zu Prag vergieng.　　　1408
Vnd die zu Leiptzig jetz anfieng.
Constantz hielt ein Consilium zhandt/　　　1414
Sanct Joannes Huß wardt da verbrandt.　　　1415
Jeronymus von Prag in diesem Jhar　　　1416
Wirdt auch verbrandt mit haut vnd haar.

F 3　　　Auffruhr

         Auffruhr zu Prag erhub sich gleich /
         Wider die Behmen zog daß Reich.
1423 Die Reichstatt Zoren wirdt gwunnen schier
         Zu Eßling hielt man ein Turnier.
         Wein / Korn / erfror nidrig vnd hoch.
         Der Keyser gehn Jerusalem zogh.
1425 Fridrich der zweit / Pfaltzgraff am Rhein
         Im Augst entfengt daß leben sein.
1430 Als die Hussiten wolgemuth
         Mit Ziska Ihrem Hauptman gut
         Vil Stätt verherget grausamlich /
         In hauffen drey sie theilen sich /
         In Vngern falln mit gwerter hand /
         In Oestreich / Poln / ohn widerstand.
1439 Basel auch ein Consilium helt.
1440 Keyser Fridrich König wirdt erwelt.
1441 Johan Guttenberg der ehren Man
         Zu Meintz die Druckerey fengt an:
         Diß edle Kunst bracht vil an tag
         Was manche zeit verborgen lag /
         Drumb ists kein wunder daß vil leut
         Sie höchlich darumb schelten heut.
1442 Ein Kalter Winter thet sich regen /
         Hat sechs vnd dreißig Schnee thun legen.
1443 Meyenfelt gwan man auff der fahrt.
1444 Ein grosse Schlacht vor Basel wardt.
         Baptistam den Poeten gut
         Auch Mantua vns geben thut.
1448 Ein Schlacht vor Eßling ist geschehn.
1452 Deß Keysers Krönung thet man sehn.
1453 Der Türck hat ohn der Christen frommen
         Constantinopel ingenommen.

                              Den

Den sibenten Septembris tag   1455
Würtzburgisch Bischoff / als ich sag /
Beim Closter Zell sein Burger schlegt
Die sich widr Jhn hatten auffgelegt.
Wider die Türcken thet man traben.   1456
Nah Sanct Michel lieffen die Knaben.   1457
Pius der zweit / ein glerter Man
Geborn von Senis / ein Tuscan /
Zum Römschen Bapst gekoren waß /
Sechs Jahr den Stuhl mit ehrn besaß.
Durch gifft stirbt König Laßla gut.
Den Keyser Vngern Krönen thut.
Der erst Poët vom Teutschenlande   3459
Geborn / Conradus Celtes gnant.
Maximilianus geburt man sach.   1460
Ein groß offruhr zu Wien geschach /
Keyser Fridrich wardt drin gefangen /
Dreyen Herrn ists auch also ergangen.
Paulus der zweit entfengt die Kron   1463
Eugenij Quarti schwester sohn /
Erst Petrus Barbarus gnennet war /
Besaß den Stuel schier siben Jar.
Meintz wirdt gewunnen Jämerlich.
Erasmus der sehr tugentrich /   1465
Gottsfürchtig vnd gelerter Man
Geboren wirdt zu Rotterdam.
Bembus mit glertheit wolgeziert   1470
Den Zwentzigsten May geboren wirdt /
Ein Cardinal gar wol besungen.
Vnd wirdt Littig die Statt gewunnen.   1473
Vil Wäldt in Teutschlandt zehrt daß fewr /
Sich selbs anzündten vngehewr.

Zu

        Zu Jngolstatt die Schul fengt an.
        Vnd starb der Kätzer Ruckenzan.
1474 Von allen orten zog man auß
        Vor Ellenkort daß feste hauß.
1475. Gehn Neuß zog man von allen orten.
        Ein schlacht geschach vor Gransen vnd Morten/
        Auß Burgundt der vermesten Helt
        Carl hat verloren da daß Feldt/
1476 Blieb in der Schlacht vor Nansi groß/
        Welchs jhn ohn zweiffel sehr verdroß.
1477 Bischoff Herman der wirdt geborn/
        Cöllnischer Churfürst auserkorn/
        Ein Man von Ehr vnd Weißheit groß:
1480 Die Sindtfluth vff den Rhein herfloß:
        Welchs ohne zweiffel hat bedeut
        Die ankunfft viler glerter leuth.
1481 Den zweiten Mertz kompt vff die Welt
        Frantz Sickinger der stoltze Helt.
1482 Im Franckenlandt zu Wißperg ist
        Geborn Oecolampadius.
1483 Luthers geburt in diesem Jar
        Vorab dadurch bedeutet war.
1484 Ein maß weins galt zu Cölln ein Ey
        Welchs wardt bezalt für heller drey.
        Die hohe Schul zu Meintz begindt.
1485 Rudolph Agricola Frisisch Kindt
        Thut z Heydelberg die Welt verlahn.
1486 König wirdt Maximilian.
1488 Zu Brugk fieng man den König gleich.
        Für Gendt zog auß daß Römisch Reich.
        Eobanus Heß kompt auff die Welt/
        Zwey vnd fünfftzig Jar darinnen z:lt.

                        Sebastianus

Sebastianus Münster zwar   1489
Wirdt gborn/ lebt drey vnd sechtzig Jar.
Der Swäbisch Bundt in diesem Jar   1490
Nimpt seinen Anfang/ daß ist war.
Der sechste Alexander wirdt
Zu Rom erwehlt der Kirchen Hirdt/
Zeugt Valentinum Borgiam/
In laß mit dem Frantzosen kam.
Lebt Jason Mainus der Jurist/
Vnd gleichwol auch ein guter Christ.
Auch dieser zeit Socinus lebt/
Den sein geschicklichkeit erhebt.
Ein Heerfarth man gehn Hungern thet   1491
Daß Reich sich vff das Lechfeldt legt.
Bucer zu Schlestatt gborn wirdt
Ein Protestantisch Seelen Hirdt;
Wardt gleichwol noch in Engelandt
Wol fünff Jahr nach seim todt verbrandt.
Keyser Fridrich schnit man ein fuß ab/ 1492
Zu Lintz er seinen geist vffgab.   1493
Der Paracelsus wirdt geborn
Ein artzt vnd Meyster außerkorn.
Der Landtsknecht Orden ist auffkommen 1495
Doch ohn der armen Bawren frommen.
Zu Straßburg in der Meß verbrant   1497
Ein Herberg zum Spanbeth genant.
Americus Vesputius
Mit etlich schiffen fehrt hinauß/
Auffinden thut ein newes Landt/
Americam solchs hat genant
Nach Ihm: so groß ists daß mans helt
Fürs vierte theil der gantzen Welt.

         G   Ein

Ein Statt bey Straßburg/ Bretta gnant/
Wirdt des Melanthons Vatterlandt/
Ein Protestantisch Lehrer war/
Gelebt hat drey vnd sechzig Jar.

1498 Sauanorola vom Römischen Hirdt
Alexandro Sexto gwürget wirdt/
Syluester von Florentz gieng mit/
Dominico Pisano nit
Verschonet wardt. Entlichen doch
All drey verbrennet wurden noch.

1499 Basel die Statt vom Reich fiel ab.
Vnd sich in Bundt der Schweitzer gab.
Wider die Schweitzer zog man hin.
Camerarius der Joachim
Zu Bamberg in dem Franckenlande
Geboren wirdt/ des groß verstandt
Vil andre vbertreffen thut.
In Rußlandt stirbt vil Türckisch blut.

1500 Ludwig der zwölfft in Franckrich hat
Gewunnen Genuam die Statt/
Darzu Meylandt daß Hertzogthumb;
Solchs alls dem Bapst gibt widerum:
Zu lohn/ der Bapst macht Franckrich preiß/
Das Reich Nauarra gleicherweiß;
Der Spanier darauff schläffet nicht/
Vnd reist Nauarram baldt zu sich.
Mit den vmbligenden Völckern zhande
Wirdt Ludwig eins/ behelt sein Landt.
Portugal vertreibt das Judisch blut/

1501 Bilibaldum Birckheimerum gut
Man Nürenberg vns geben sach.

1502 Die Schlacht vor Nürenberg darnach.

                              Mit

Mit dem Marckgraffen ist geschehn/
Gleich meniglich wol hat gesehn.
Ein Schilder vnd ein Künstner groß
Langzeit gesessen binnen Soest/
Heinrich Aldgraff er wol bekant
Geborn wirdt im Westphalschen Lande.
Den sechten tag des Monts April
Geboren wirdt Jacob Micyll.
Den achtzehnten Octobris frey
Die Wittenbergsch Academey
Begindt: der erst Rector genant
Martin Polich auß Franckenlande.
Noch ein groß wunder ist geschehn/   1503
Blut creutz fielen/ man hats gesehn.
Hertzog Jörg von Beyern ist gestorben.   1504
Drey Päbst haben den Stuel erworben.
Der Beyerisch Krieg geht an mit macht.
Behmen verleurt ein grosse Schlacht.
Geboren der Schleidanus war/   1506
Zu Straßburg starb alt fünfftzig Jar.
Wirtemberg an die Pfaltz zogh.
Der Landtgraff machet manchen roch.
Mülhausen thut zun Schweitzern falln/
Dem Reich zu wider wirdt in alln:
Ein grosser Comet wardt gesehn.   1507
Königs Philippi todt thet nehen.
Jörg Fürst zu Anhalt/ edler art/
In diesem Jahr geboren wardt/
Er war zugleich in seinem Lande
Seins Volcks Regent vnd Predicande.
Der Welsche Krieg gieng an die zeit.   1508
Bapst Julius stifft mordt vnd leidt.

G 2   Sabinus

Sabinus der gelert Poet
Auß Brandenburg herkomen thet.
In Friaul wurden vil Stätt gewunnen.
1509 Hertzog Albrecht hats ein end genommen.
Caluinum zeugen thut zugleich
Noison die Statt in Franckenreich.
Der Keyser Baduam gewan.
1510 Vier Mönch zu Bern verbrennet man.
Venedig thet in Krieg sich schickn/
Dem Römschen Keyser kehrts den Ruckn.
1512 Auch vor Cremona gschicht ein schlacht/
Und ligt Venedigs gantze macht.
1513 Preß gwunnen wirdt die edle Statt.
Der Hertzog Meylandt wider hat.
Vor hohen Krähn der Schweitzrisch Bundt
Zog auß/ Zerstörts biß vff den grundt.
Und vor Rauenna Ich euch sag.
Geschicht ein Schlacht am Ostertag.
1514 Von Kält erfror der Rhein so hart/
Daß drüber gieng ein Wagenfarth.
Weidhofen vnd auch Reichenhall
In einem tag außbrunnen all.
Bononi wardt an Bapst ergeben/
Frantzoß auß Welschlandt hingetreben.
Ein general Consilium zwar
1515 Zu Passaw hielt man dieses Jahr.
Von Dison ist man abgezogen.
Auch wardt die Eidtgnoschafft betrogen.
Auff heilig Creutztag in der nacht
1516 Geschicht die grosse Schweitzer schlacht.
Hertzog Vlrich von Würtnberg wirdt
Sein Ehgemahl hinweg geführt.

Georgius

Georgius der glerte Man
Fabricius das leben gwan.
Wilhelm Hertzog zu Julick gut
Kompt vff die Welt/ein frummes Blut.
Meylandt gwinnet der Frantzoß.
Im Windischen Marck war auffruhr groß.
Martin Luther der Lehrer groß   1517
Thet schreiben wider den Ablaß.
Selimus der Türckische Keyser baldt
Schlegt in Aegypten mit gewalt
Den Tomombeium, welcher war
Soldan der Manalucksch en schar.
Vil hundert fiengen zu Straßburg an: 1518
Zu tantzen beide Frauw vnd Man.
Der Keyser Maximilian
Zu Augspurg stellt ein Reichstag an:
Den letzten Augst/der auch fürwar
Der letzt Reichstag seins lebens war.
Gehn Wittenberg Melanthon zwar
Auch erstlich kam in diesem Jahr.
Vnd Dietrich Beza wirdt geborn/
Zu Genff ein Lehrer ausserkorn.
Maximilian mit todt abgieng.   1519
Wallfarth gehn Regenspurg anfieng.
Hertzog Vlrich vertrieb man gar.
Carolus der fünffte/Keyser war.   1520
Griechisch Weissenburg der Türck zerbrach.
Den Graffn von Oettingn man erstach.   1521
König auß Denmarck wirdt vertribn
Auß seinem Reich/findt ich geschribn.
Bapst wirdt der sechte Hadrian
Ein Frummer Schrifftgelehrter Man/
                    G iij   Vormals

Vormals zuchtmeister Caroli Quint/
Vnd ein geboren Vtrechts kindt.
Zu Wurmbs der Keyser innen reit/
Luther kam dar auffs Keysers gleit.
Frantz Sickinger belegert Trier.
Des Keysers Volck zeugt vor Masier.
Vmb Meylandt kriegt man zehn Jar/
1522 Ihr Hertzog wardt vertrieben gar.
Rhodis dem Türck sich hat ergeben.
Zu Nürnberg wardt ein Reichstag eben.
1523 Die Raubschlösser der Bundt verbrent.
Von Sicking Frantz sein leben endt.
Ulrich von der Hütten starb dis Jar/
Ein alert Fränckischer Ritter war.
Heinrich Fuß/ Johan Esch verbrandt
Wurden allbeid im Niderlandt/
Warn Augustiner Mönch zuuorn/
Zu Brussel hands die Weyh verlorn.
1524 Franciscus Köng in Franckenrich
Gewindt Meylandt gewaltiglich.
Ein grausam Pestilentz gieng für/
Zu Meylan/ traff eins jeden thür.
Thomas Linacer wol bekandt
Zu Londen stirbt in Engelandt.
In Dithmarsen dem wüsten ort
Heinrich von Sütphen wirdt ermordt/
Ein Christlich vnd gelerter Mon:
Der Bremer Bischoff richt solchs an.
Villach vnd Wien durchs fewr vergieng.
1525 Der Bawrenkrieg diß Jar anfieng.
Churfürst Fridrich von Sachsen/ wiß
Auß dieser Welt geschieden ist.

         Carl

Carl den Frantzosen fieng vor Pauel.
Köng Ludwig fehlt die verrätherey.
Die Vngrisch Hauptstatt Osen gnant   1526
Der Türck gwan mit gewehrter handt.
Keyser Carolus nam dißmal
Isabellam Königin auß Portugal.
Georg Fronsperg in Italia
Ein Schlacht gewindt bey Mantua.
Die Widertäuffer sindt entstanden
Gar nah in gantzen Teutschenlanden.   1527
Ferdinandus Osen wider gwan/
Johan Waida dauon entran.
Borbon nimpt die Statt Romen ein/
Verleurt damit das leben sein/
Die Statt man plündert nach dem sieg.
Burgundt vnd Geldern hetten Krieg.
Geborn wirdt Maximilian
Des Keysers Ferdinandi sohn.
König Philips der Catholisch Heldt
In diesem Jahr kompt vff die Welt.
Zwo Stätt/ Dauenter vnd auch Schwol   1529
Vneinig wurden vmb ein Zol.
Zu Bern man disputiret sehr
Wegen der Euangelischen Lehr.
Genff nimpt das Euangelium an/
Altar vnd Götzen schafft hindan.
Durer so die Kron hat erworben
Vor allen Künstnern/ ist gestorben.
Philips Landtgraff in Hessenlandt
Der braucht sich mit gewehrter handt
Widr Bamberg/ Würtzburg/ Meintz vorab/
Vulgo/ wegen der Narrencap.

                                               Der

1529 Der Türck belegert Wien sehr gram.
Ein siben Järig thewrung kam.
Ein plag kam in das Teutsche Landt
Die was der Englisch Schweis genant.
Ein ander Reichstag war zu Speir
Da handelt man umb Türckensteuwr.
Peter Flisted / Adolff Clarenbach
Zu Cölln kamen in groß ungemach/
Nach dem sie Jhrn Glauben bekant/
Wurden allbeid daselbst verbrandt.

1530. Der groß Reichstag zu Augspurg war/
Die Protestanten kamen dar.
Zu Bergen Orlandt der Senger zart
Jm Hennegauw geboren wardt.

1531 Der Hertzog von Saphoyen zwar
Belegert Genff in diesem Jar/
Die Berner Genff zu hülff bald kamen/
Dem feinds vil Landt und Leuth abnamen/
Besitzens noch zu dieser stundt/
(Erhaldt Herr Gott der Schweitzer Bundt).
Umbs leben kompt ein Predicant
Von Zürch / der Ulrich Zwingel gnant.

1532 Zu Cöln erwehlet man zu handt
Zum Römschen König Ferdinant.
Die Schweitzer hetten ein uffruhr.
Der Türck widrumb in Oestrich führ/
Sebastianus Schertel Jm
Bey Newstat / wie Jch solchs vernim/
Mit wenig Krieghsleuth die er het
Zwölff tausent Man abschlagen thut.

1533 Zu Nürnberg ein groß sterben war.
Und wardt geborn in diesem Jahr

Elisabeth

Elisabeth Englisch Königin.
Wirtenberger kam widrumb in. 1534
Otto Brunßfeldt ein Artzet gut
Zu Bern sein leben enden thut.
Der Barbaroßa gwint zu gleich
In Africa das Thunisch Reich.
Vom Reich die Widertäuffrisch schar 1535
Zu Munster wardt vertilget gar.
Carlus der fünfft mit seinem Heer
Thunis gewan / weit vber Meer.
Frantzoß hat mit dem Keyser krieg / 1536
Keinem vonbeiden wardt der sieg.
Erasmus auch zu Basel starb /
Ein grossen namen Ihm erwarb.
Graff von Seryn den Katzianer erstach / 1537
Das Christen blut er an jhm rach.
Mit Franckrich Keyser frid anstelle.
Mordt Brenner haben sich gesellt. 1538
Von Sachsen Hertzog Jörg gestorben. 1539
Hertzog Heinrich hats Landt erworben.
Hart strafft der Keyser die Statt Gendt
Die sich auffrürisch hat gewendt.
Der Waida starb in diesem Jahr.
Ein Beck die Statt verbrennet gar.
Christiern stirbt in der gfengknus zwar /
Seins alters acht vnd sibentzig Jahr.
Auch war ein heisser Sommer hewr / 1540
Wuchs guter Wein / vnd nit fast thewr.
Budæus stirbt der glert vnd weiß;
In seinem heymet zu Pariß.
Claudius Pistor von Pariß geborn
Ein Künstig Goldtschmidt außerkorn /

H   Den

Den Christen Glauben hat bekandt/
Wirdt darumb zu Pariß verbrandt.
1541 Hertzog Heinrich von Sachsen starb.
Sein Sohn Mauritz das Landt erwarb.
Zu Prag verbrandt das Köstlich schloß/
Auch etlich hundert Häuser groß.
Ofen der Türck gewindt zu handt.
Ein sterben kompt ins Niderlandt.
Zu Regenspurg ein Reichstag ist.
Der Keyser sich auff Algeir rüst.
Der Mönch hat Ofen eingenumn/
Deß Königs Kriegßleuth vil vmb kumn.
Gehn Nürnberg erst der Keyser kam.
1542 Von der Pest manch mensch schaden nam.
Der alt von Braunschwig wardt vertribn/
Zweien Fürsten ist sein Landt geblibn.
Zu Speir stellt man ein Reichstag an.
Das Schloß verlorn mit der Statt Gran.
Auch Wolffenbüttel gwinnen thut
Philips der Hessisch Landtgraff gut.
Zu Nürnberg auch ein Reichstag war/
Augspurgisch Bischoff starb aldar.
Fraw Mari het mit Cleeff ein Krieg/
Carolus kam / erhielt den sieg.
Der Polnisch König Hochzeit hat.
1544 Vnd Düren wirdt verbrandt die Statt.
Ludwig der Churfürst stirbt am Rhein.
Der Keyser kriegt in Franckrich nein.
1545 Hertzog Heinrich von Braunschwig der alt
Wirdt mit sein Sohn gefangen baldt.
Hertzog Ludwig von Beyern starb.
Herr Leonhardt von Felß auch verdarb.

Zwo

Zwo adelich Jungfraw fein
Zu Dauenter im Heintet mein/
Maria vnd Vrsula genant/
Vmbs Glaubens willen seindt verbrandt.
Gehn Wurmbs ein Reichstag war citiert.
Zu Regenspurg man disputiert.
 Doctor Martin Luther verschied.   1546
Der Keyser het grossen vnfrid
Mit den Protestirenden Stenden.
Römsch Königin thet jhr leben enden.
In einem thurn gantz vngehewr
Zu Mecheln schlug das Himlisch fewr/
Das puluer auch erschlagen hat
Vil schöner heüser in der Statt/
Vnd blieben in derselben not
Mehr dan drey hundert menschen todt.
Heinrich der achte König zwar   1547
In Englandt/ stirbt in diesem Jar.
Hertzog Hanß von Sachsen wardt gefangn.
Dem Landtgraffn ists auch so ergangn.
Das Interim das falsch gedicht
Zu Augspurg erst wardt auffgericht.
In Behmen grosser auffruhr war.
König in Franckrich starb dis Jar.
Des Carls sohn kam in Teutschlandt an.   1549
Hochzeit het Maximilian/
Wardt Behmisch König. Bapst Paulus stirbt.
Julius der dritt den Stuel erwirbt.
Von Mantua stirbt der König reich.   1550
Von Beyrn Hertzog Wilhelm gleich.
Von Wirtenberg Hertzog Virich gut.
 Graff Niclauß von Salm auch sterben thut.
      H 2   Durch

Durch Himlisch fewr zu Londen brandt
Der hohe Thurn/ Sanct Paulus gnant.
In Africa s'Keysers Haupt man siegt.
1551 Madeburg belegert vnd bekriegt/
Vertragen wardt nach schaden nur.
Maximilian nach sein Gmahel fuhr.
In Engelandt ein Kranckheit zwar
Gantz Pestilentialisch war.
Der vntrew Münch wardt vmbgebracht.
1552 Die Fürsten rüsten sich mit macht.
Augspurg den Fürsten sich ergab.
Von Ulm sie zohen wider ab.
Marckgraff Albrecht vor Nürnberg lag/
Zog wider ab durch ein vertrag.
Auß Dennemarck König Christiern
Vertrieben/ fleugt nach Englandt fern/
Von wegen seiner Tyranney/
Niemandt wolt Jhm mehr stehen bey.
Auff Franckfurt zog man vnuerdrossen.
Der Mechelburger wardt erschossen.
Auch Oppenheim geplündert wardt/
Meintz/ Wurmbs vnd Speir geschetzet hart.
Hertzog Mauritz vertragen war.
Der Keyser ruckt für Metze dar/
Sein Volck entfieng da schaden groß.
Der Marckgraff fiel vmb vom Frantzoß.
Edwardt Hertzog von Sumerset
Zu Londen wirdt enthalset nett.
1553 Würtzburg vnd Bamberg beide sampt
Griff Marckgraff an mit raub vnd Brandt.
Bey Hannouer wardt er geschlagen/
Daselbst vier tausent man erlagen:

Der

Der Mauritz wardt erschossen doch/
Vnd Fürsten zween von Braunschwig noch.
Verleurt bey Braunschwig noch ein schlacht/
Vnd kompt darnach ins Keysers Acht.
Edwardus Köng in Englandt stirbt.
Maria baldt die Kron erwirbt.
Die groß belegerung vor Metz
Carlus verlassen hat zu letz.
Seruetus wirdt zu Genff verbrandt/
Vrsach ist meniglich bekandt.
Schweinfurt am Mein belegert war.
Vnd der Marckgraff geschlagen gar. 1554
Schweinfurt wirdt gar in grundt verbrendt.
Zu Augspurg wardt ein tag benendt.
Hertzog Hanß vnd sein Gmahel starb.
Bapst Julius tödtlich verdarb. 1555
Der Türck sehr grossen schaden thet.
Hertzog von Braunschwig Hochzeit het. 1556
Ein Reichstag war zu Regenspurg.
Die Welt schien ein Comet hindurch.
Pfaltzgraff Fridrich der zweit verschiedt.
Marckgraff Albrecht den todt erlidt. 1557
Auch war ins Vngerlandt ein zug.
Köng Philippus den Frantzosen schlug.
Ein Wasserguß war hewr zu Rom.
Gehn Wurmbs auch mancher glerter kam.
Frantzoß Cales mit zorn gwan. 1558
Erwehlt wardt Keyser Ferdinandt.
Würtzburgisch Bischoff gschossen wardt.
Vnd sterben thet Fraw Mari zart.
Elisabeth zu London schon
Entfengt die Königliche Kron.

H 3   Ein

Ein dorff bey Vehnlo Brach genant
Gelegen in dem Jülcherland
Des Heinrich Goltzen heimet wirdt/
Teutschlandt mit seiner Kunst verziert.
Sein leben Keyser Carlus schloß.
Der Windt thet Teutschlandt schaden groß.
Der Moscowiter das Eyfflandt
Grausam verherget vnd verbrandt.

1559   Ein Reichstag zu Augspurg anfieng.
Hertzog Otth Heinrich mit todt abgieng.
Fridrich der drit / Pfaltzgraff am Rhein
Glücklich begindt die Herrschung sein.
Nach dem hat fridt gemachet gleich
König Philips mit Franckenreich.
Frantzösisch König / glaube mir/
Tödtlich verwundt in eim Turnier.

1560   Philips Melanthon starb diß Jar.
Groß Hagel vnd vngewitter war.
Bamberg mit Nürnberg hette krieg/
Wardt doch vertragen ohne sieg.
Ein Müntzordnung stellt man die zeit

1561   In Franckrich Jamer wardt vnd streidt.
Schwenckfeldt der stirbt im Schwabenlandt/
Sein Lehr vnd Sect ist auch bekandt.

1562   Maximilians Krönung man sach/
Behmischer König wardt zu Prag.
Zu Franckfurt Römscher König gut.
Nürnberg groß sterben krencken thut:
Virgilius Solis genandt
Der edle Künstner wol bekandt
Stirbt auch (welchs vilen leidt fürwar)
Seins alters acht vnd viertzig Jar.

                                                Pius

Pius der viert auch gehn Tridentt
Ein groß Consilium ernent.
Maximilianus vorgemelt								1563
Auch Vngrisch König wirdt erwehlt.
Wilhelm von Grunbach vnbedacht
Nimbt Würtzburg ein bey finster nacht.
Polen mit Moscow het vnfride.								1564
Der Keyser Ferdinandt verschid.
Vnd Maximilian sein sohn
Entfengt die Keyserliche Kron.
Calulnus stirbt in Genff der Statt/
Vil Schrifften nachgelassen hat.
Joannes Casimir geborn
Ein Fürst von Sachsen außerkorn.
Dockey der Schwendi baldt einnam.								1565
Der Türck hernach vor Malta kam.
Denmarck vnd Schweden kriegten zwar
Zu Wassr vnd Landt biß off sechs Jahr.
Maximilian zu Augspurg hewr
Ein Reichstag hielt vmb Türckensewr.
Der Türck sehr grausam thet rumorn/
Sigeth vnd Iula wurden verlorn.
Johan Ernest das Fürstlich blut
Veriagt wirdt auß seim Heimet gut/
Vnschuldig mit Heeres gewaldt/
Eh dan er wirdt eins Jahres alt.
Die Predig in Brabandt erschall/								1566
Die Götzen fielen vberall.
Im Niderlandt ein entrung gschach.
Türckischer Keyser stirbt hernach.
Vor Gotha vnd vor Grimmenstein								1567
Der Landßknecht vil gelegen sein.

Durchs

Durchs Teutschlandt singt mit trübem schall
Ein Vöglin gnant die Nachtigall.
Als Grimmenstein vnd auch die Statt
Dem Keyser sich ergeben hat/
Grumbach vnd andre Echter zugleich
Wurden gefangen vnd gericht vom Reich.
Duc d'Alb der kompt in Belgiam,
Ohn widerstandt das Landt in nam.

1568 Zu Regenspurg ein Reichstag war,
In Franckrich kompt empörung schwar.
Im Niderlandt solchs auch geschicht/
Ein Blutbadt groß wirdt angericht.
Duc d'Alb drey edle Grauen richt/
Der Printz von Vranien wardt sein nicht.
Philips Landtgraff legt sich zu ruh,
Der alt von Braunschwig auch darzu:
Hertzog von Wirtenberg starb mit.

1569 Großfürst von Preussn den todt erlit.
Hertzog Erich von Braunschwig frum
Nimpt an das Euangelium.
Zu Altenburg da thet man halten
Ein Colloquium/ doch blibents gespalten.
Venedig schaden leidt durchs fewr/
Zerriß Ihr zeughauß vngehewr.
Printz von Conde gefangen wardt/
Durch einen Schuß gedötet hart.
Hertzog Wolffgang stirbt diß Jar mit.

1570 Der Keyser z'Nürenberg einrit.
Speir einen Reichstag halten thut.
Auch hats geregnet Korn vnd Blut.
In Franckrich macht man ein vertrag.
Türck Cyppren gwint; ist grosse klag.

Seelandt

Seelandt vnd noch mehr Länder gut
Verdirbt ein grosse Wasserfluth.
Matthias stirbt zu Franckfurt zwar
Flaccus/alt fünff.vnd fünfftzig Jar.
Ein thewrung groß fieng dißmal an/
Beängstigt sehr den armen man.
Spanier König/Venediger vnd   1571
Bapst machten zsamen einen Bundt
Wider den Türck vnd dem sein machs
Nemen in einer Wasser Schlacht.
Saltzburg stundt in sterbens gefahr.
Erdbidem groß zu Jnßbruck war.
Am Himmel sach man wunder ding.   1572
Der Hertz von Plawen mit todt abgieng.
Das Niderlandt wider kriegen thet.
Nauarrisch König Hochzeit het
Binnen Pariß/vnd dazumal
Getödet wardt der Admiral/
Vil Christen bluts man in der Statt
Vnd baussen drumb vergossen hat/
Verschonet weder groß noch klein.
Am Himmel ein Comet erschein.
Johan Wilhelm von Weimar ist   1573
In Gott entschlaffen zu der frist.
Auß Franckreich König Heinrich zart
Polnischer König krönet wardt.
Don Fridrich deß Duc d'Alben sohn
Vor Harlem lag/zog nit davon/
Biß er nach schaden mannigfalt
Die Statt bekam in sein gewalt.
Johan d'Austria Thunis einnam.
Der Türck es widerumb bekam.   1574

J   Toleta

Toleta gwan der Türck mit gwalt/
Die newe Festung gleicher gstalt.
Graff Ludwig vnd Christoffer beide
Sindt bliben vff der Moucker heidt.

1575 Carolus König in Franckrich ist
Gestorben auch zu dieser frist.
Sein Brudr auß Poln in Franckrich kam/
Eins newen Kriegs sich vndernam.
Hertzog Rudolff von Ostereich
Diß Jar wardt Römscher König gleich.

1576 In diesem Jahr erfrohr der Wein
In Francken/Elsaß/Necker/Rhein.
In Franckrich macht man ein vertrag.
Vnd Regenspurg hielt ein Reichstag.
Die Moscowitisch Botschafft kam.
Keyser Maximilian sein ende nam.
Krimpen die starck Holländsche Schantz
Must pfeiffen nach der Geusen dantz.
Stephan Bathor/Waida genandt
Zum König wirdt im Polnschen Land/
Pfaltzgraff Fridrich Churfürst am Rhein
Hat auch geendt das leben sein.
Rudolff Maximiliani sohn
Entfengt die Keyserliche kron.
Antwerp wirdt gplündert vnd Mastricht.
Mit Dantzig Poln ein Krieg anricht.
Concordi Buch wardt auffgericht/
Groß nutzen gleichwol schaffte nicht.
Von newem krieget Franckenrich/

1577 Sich doch baldt widerumb verglich.
Moscow dem Lyflandt schaden thet.
Mit grossem strael schien ein Comet.

Ein Englisch man Frantz Drac genandt
Fuhr auß hin nach ein newes landt/
Thet kurtzer dann in dreyen Jaren
Die gantze Welt herumb her fahren.
Von newem kriegt das Niderlandt   1578
Mit Don Jan d'Austria genandt.
Ofen die Ungerisch Hauptstatt
Vom Wetter schaden glitten hat.
Im krieg der Köng auß Portugall
Vnd noch zwen Köng vmbkamen all.
Von des Don Jans todt hort man sagen.
Der Türck vom Perser wirdt geschlagen/
Er etlich Wascha stranguliert.
Moscow von Wenden gschlagen wirdt.   1579
Mastricht vom Spanier gewunnen.
Widr Moscow wirdt ein krieg begunnen.
H. Albrecht von Beyern sein leben endt.   1580
Wilhelm sein sohn kriegts Regiment.
Zu Newmarck stirbt die Fürstin gut.
Die alt von Beyern auch so thut.
Von Wien die alte Keyserin   1581
Nach Spanien zog wider hin.
Die Churfurstin am Rhein verschied.   1582
Poln macht mit m Moscowiter fried.
Norwegisch Bergen gantz verbrandt/
Nur blieb die Bruck vnd halber Strandt/
Durch klein versaumnuß solchs angieng/
Mein theil des schadens mit entfieng.
Im selben Winter noch vil meh
Gschach schadens vff der Suider Seh/
Vil Berghe faahrs mir wol bekandt/
Auch kluge Schiffers auß Frießlandt
                    J   ij   Mit

Mit allen Schiffen/ leib vnd gut
Ein grosser Sturmwindt sencken thut.
Zu Augspurg hielt man ein Reichstag.
In Behmen stirbts vnd auch zu Prag.

1583 Bischoff zu Cölln hewrathen thet/
Wardt Euangelisch: drumb auch het
Ihn das Capittel abgestellt/
Ernestum an sein Platz erwelt.
Hertzog von Wirtenberg einrit
Zu Nürnberg: sein Gemahl verschid/
Ein gantzer Rath sie ehrlich hat
Begleiten thun hinauß der Statt.
Ludwig der Pfaltzgraff stirbt am Rhein/
Sein Bruder Casimir nimpt ein/
Das Landt/ endert die Religion/
Wie vor sein Bruder hat gethon.
Der Bapst den newen Calender macht
Der vil vnruh durch Teutschlandt bracht:
Gar balde hernach des todts stirbt.
Sixtus der fünfft den Stuel erwirbt.

1584 Der Graff von Hennenberg/ mit nam
Jörg Ernst stirbt/ endet seinen Stam.
Bon gibt sich in die Spansche gwaldt/
Des manch vnschuldig mensch entgaldt.
Wilhelm der Printz von Branien wardt
Erschossen. Antorff blegerdt hardt:
Ein Schiffbruch vff der Schelden lag:
Andtwerp mit Parma macht vertrag.
In Schweitzerlandt in diesem Jar
Ein vbergroß Erdbidem war;
Vuorne vnd auch Corbery
Findt ich das vndergangen sey.

Saphoien

Saphoien auch zur selben fart
Beweget vnd erschuttet wardt/
Darauff groß thewrung folgt zu handt/
Groß sterben kam ins gantze Landt.
Sächsisch Churfürstin sterben thet.   1586
Der Fürst widrumben Hochzeit het.
Joan Casimir hielt sein heimfahrt
Mits Churfürstin Dochter Anna zart.
Bey Junckersdorff im Cöllschen Landt
Ein groß meng Volcks wardt angerandt
Vom Spanschen hauff/ groß geldt vnd gut
Entwandt/ stürtzt manch vnschuldig blut.
In Sachsen stirbt Augustus gut.   1587
Auch Parma Neuß erobern thut/
Mit Mordt vnd Brandt verhergt die Statt.
Schenck Bon bey nacht gewunnen hat.
Maximilian Teutsch Meyster wardt
Diß Jar zu Bitschin gfangen hardt.
Widrumb man Bon belegert hat/   1588
Den Spanschen gab man auff die Statt.
Was die Armada/ auß gesandt
Von Spanien wider Englande
Verrichtet hab/ weiß Jederman/
Ohn Gott kein gwaldt bestehen kan.
Alß sich nuhn dises Jar wolt wenden/
Ließ König Heinrich an den enden
Den Fürst von Guisa vnd andre mehr
Vmbbringen/ welches jhm sonst wer
Geschehn: dann jhm der Guise schon
Hat zugedacht die Königs Kron.
Marckgraff von Baden stirbt diß Jar/   1589
Seinr freundt auß Schweden ein kompt dar.

        J iij   Auch

Auch ist in diesem Jar/ merck eben/
Maximilian auß Polen loß gegeben.
Köng Heinrichen gibt verrätherlich
Ein Mönch gar ein tödtlichen stich;
Heinrich erlebt den vierten tag/
Die Kron vnd Scepter/ als ich sag/
Thut dem Nauarren vbergeben/
Dem gleichwol vil thun widerstreben.
Der stoltze Degen Martin Schenck
Der Statt Nimwegen ingedenck/
Bey nacht sie vberfallen thut/
Verdirbt dadurch in Wassers fluth.
Diß mal daß gantz Saphoier Landt
Bekrieget wardt/ verhergt/ verbrandt
Von seim Herrn vnd der Spanschen rott/
Genff gnediglich beschützet Gott.

1590 Nach Franckrich zeugt vil volcks/ doch nicht
Vil bsunders drin handt außgericht.
Der König etlich Schlachten thet
Mit den Ligisten/ vnd doch het
Pariß belägert/ weil die Statt
Rebellisch sich erzeiget hat.
Ein heisser Summer war auch hewr.
Man hort all tag von grossem fewr.
Auch Erdbidem an manchem ort
Hat man gesehn vnd gehort/
Dadurch Oestreich in schaden kam/
Wie man alsolchs zu Wien vernam.
Frantz Hogenberg scheidt von der Welt/
Ligt mit begraben in dem Feldt.

1591 Casimirus der Churfürst am Rhein
Endet diß Jar das leben sein.

Hertzog

Hertzog Christian auß Sachsen gborn
Churfürst/ sein lebn auch hat verlorn.
Die Staten knecht mit list geschwind
Im Cöllschen Lande nemen in
Die Kolenburg des Quaden hauß/
Sie Milendonck trieb wider auß.
Graff Mauritz von Nassaw geschwindt
Zütphen/ Oduenter/ wider gwindt.
Darzu auch Nimwegen die Statt
Mit gwehrter Hande erobert hat.
Hertzog Fridrich Wilhelm genandt
Mit willn einnimpt das Meisner landt.
Donellus stirbt/ der gut Jurist/
Zu Altdorff er begraben ist.
Nauarra von Pariß abzogen/
Ander mittel vnd wegh geflogen:
Sunst fast das gantz Landt ingenommen/
Pariß der Statt brachts kleinen frommen.
Mit den Landt Stätten frid gemacht/
Das Teutsche kriegs Volck abgeschafft.
Lothring vnd Straßburg hetten krieg/
Wurdn doch vertragen ohne sieg.
Der Türck vil Christen Volck vmbbracht/
Die er hat wie das viech geschlacht/
Mit zwey mal hundert tausendt man
Greifft vns vff dreyen orten an.
Steenwyck belegert war ein weil/   1592
Gar baldt den Geusen wardt zu theil.
Wilhelm Hertzog zu Jülick starb: 1593
Sein Sohn Hanß Wilhelm d' Landt erwarb.
Stirbt Parma/ der zuuor war kranck/
Vor all sein müh hat kleinen danck.

Die

Die Neuserburger haben sich
Dißmal gebrauchet ritterlich/
Daß Garesohn auß Jhrer Statt
Trieben/ welche drin gelegen hat/
Vnd thäten nicht an allen enden
Nur stelen/ morden/ strassen schenden:
Mit warheit kan ich solchs verjehn/
Drey mal ist mirs von jhn geschehn.
Croatien mit Heeres macht
Der Türck hat vnder sich gebracht:
Wardt doch (Gott lob) als ich hör sagen/
Heßlich widrumb zu ruck geschlagen.

1594 Zu nider Wesel in der Statt
Groß schaden man erfahren hat/
Die Strahl schlug in die Kirch zuhandt/
Dieselb biß vff den grundt verbrandt.
Inß Niderlandt Ernestus kam/
Die Spansch verwaltung vff sich nam.
Gröningen welchs nun manches Jahr
Für vnwindtbar gehalten war/
Graff Mauritz mit der Geusen macht
Erobern thut in wochen acht.
Die Festung Raab der Türck gewan/
Jhn gleichwol kostet manchen man.
Zu Regenspurg ein Reichstag war/
Die Stendt vnd Gsanden kamen dar/
Von Türcken stewr wardt mit gemeldt/
So fehlts den armen stets an gelt.
Der Türck vor Comar sich begab/
Mit schaden zog er wider ab.
Zu Duißburg im Decembri kalt
Mercator stirbt/ vnd war nun alt

Vbr

Vbr neuntzig Jahr; seint zeit dabey
Der best in der Geometrey.
In diesem Monn Pier du Chastell
Gborn von Pariß / ein iung gesell/
Nauarren gibt verrätherlich
In sein Kinbacken einen stich:
Der vbelthäter wardt gericht.
Die aber solchs hatten gsticht/
Die Jesuwider zu Pariß
Der König hüten lest mit fleiß.
Die ander Jesuwitrisch schar
Drumb auß dem Landt verbannet gar.
Ein starckes Schloß im Lütger Landt   1599
Mit seiner Statt so Hoy genandt/
Alda die Ganß hat eingenist/
Weit vbertraff des Fuches list:
Den fünfften Hornungs solchs geschach
Deß newen styls vff groß Faßnacht/
Der Guberneur war in der Missen/
Darüber er sein Schloß wardt missen:
Ich rath dir Ganß haldt gute Wacht/
Der Gallen ankunfft nit veracht.

    Gott wöll allm vbel stewren vnd wehren/
Dann seiner Gnaden wir begeren;
Wolt sich nur selbs die Christenheit
Vndr sich zu bfriden sein bereit/
Der Türck mit Gottes hülff zuhandt
Wer lang vertriben auß dem Landt.
    Bitt Gott das er sein Zorn abwendt/
Sein Himlisch Gnadt vnß wider sendt.
All Gotts feindt treff Jhr böse sach/
Wünscht Matthis Quad von Kinckelbach.
                  K

SEQVVNTVR

ETEOSTICHA ALIQVOT

à DIVERSIS AVTHORIBVS FACTA, QVÆ cum studiosis adolescentibus aliquo modo profutura existimarem, ex varijs libris collecta, subijcere ea placuit,

Albertus Magnus obijt 1382. æt. 87.
ALberte es fato properantI MagneſoLVtVs:
Tang s VbI ætatis LVſtrabis oCto IVæ.

Ioan. Hussus Martyrio coronatus 1415. 6. Iulij.
BIs qVarta ILLVXIt Mensis QVIntILIs Vt HVſſV's
Conſtanti Conſtans VſtV's In Vrbe perit.

Obſidio Nouesiana 1475.
Non InCLInablIVr InſeCVLVM ſeCVLI.

Carolus Burgundius occidit 1456.
NoCte regVM ſVCCVbVIt CaroLVs.

Rudolphus Agricola obijt 1485.
QVater CLara IaCet trIbVs HeyDeLberga DeabVs
RVrICoLa è terra raptV's In aſtra fVIt.

Gallus Cæsus 1521.
Reg a ſVCCVMbIt pVgnaCIs LILIa GaLLI.

Huttenus obijt 1523.
IgnIfer In tepIDo fVIsIt SoL sIDere LIbræ
HVtIene Vt CœLI teCta beata CapIs.

Bellum Rusticanum 1525.
CaptV's erat GaLLV's CoëVnt CVM rVre Cohortes.

Roma Capta 1527.
AItera poſt Captos GaLLos popVLIqVe fVrores
Aeſtas te Capta RoMa CrVentafVIt.

Vienna

Vienna obſeſſa 1529.
Cæſar In ItaLiaM qVo VenIt CaroLVs annø
CInCta eſt RIphæIs noſtra Vienna GetIs.

Bilibaldus obijt 1531.
ConsILIo Vt PyrghayMerVs bonVs eXIt ab orbe:
SoL prope ContaCto PIsCe peregIt Iter.

Zvvinglius occidit 1531. æt. 44.
OCCVbVIt patr o beLLator CIngLIVs enſe,
Eſpreſſa eſt arMIs gens popV Loſa sVIs.

Ioan. Stoflerus obijt 1531. æt. 80
ConDItVr hIC fato fVnCtVs StofLerVs aCerbo,
Terreſtrls gnarVs sIDereaqVe pLagæ.

Aliud.
PIsClbVs Vt raDIans DeVs InsIgnIta per aſtra
StofLere InIeCIt ParCa VbI VInCLa tIbI.

Huldricus Zaſius obijt 1535. æt. 74.
AetherIs Vt sVperæ sVCCeſſIt ZasIVs arCI
Eôs arMIgerI ConſpICIt aſtra IoVIs.

Aliud.
IVrIs honoratI ZasIVs CeLeberrIMVs aVCtor,
A neCe CorreptVs, terra VaLeto ſonat.

Eraſmus Rot. obijr. 1536.
LVſtra peraCta VbI bIs septena reCenſet EraſMVs
LVCIferaè terrIs, CeſſIt In aſtra ſeneX.

Eobanus Heſſus obijt 1540. æt. 52.
DICIte TheſpIaDes fLetVs, ELegeIa LVge:
HoC HeſſVs ſaXo gLorIa Veſtra IaCet.

Guilhel. Budæus obiit 1540. æt. 73.
OCCVbVIt CLarVs fato BVDæVs InIqVo.
Aſtræa In Caſta SoLe ſeDente sInV.

Simon Grynæus obijt 1541. æt. 48.
Grynæe es DVro roſoLVtVs CarCere CarnI:
Vrbs RhenI IVnCta eſt qVa BasILea VaDIs.

Nicolaus Copernicus obijt 1543. æt. 70.
EX hoC eXCeßIt trIſtI CoperNICVs aVo:
IngenIo, aſtrorVM CognItIone potens.

Matthias Zellius obijt Argent.
1548. æt. 71.
OCCVbVIt CeLebrIs feLICI ſorte MathIas
VIX tantVs noſtra presbyter Vrbe fVIt.

Aliud.
PhœbVs VbI rVtILans CaprI CornI sIgna reLIqVIt,
ZeLLI Care, qVIes Mors tIbI VIſa fVIt.

Gaſpar Cruciger obijt 1548.
æt. 45.
FertVr In AeMonIo Latonæ fILIVs arCV:
Vt CrVCIger fatI noXIa teLa tVLIt.

Vitus Theod. obijt 1549.
HaC trIſtI CLaVſVs VItVs TheoDorVs In Vrna
NorICIDæ popVLI paſtor, & VrbIs honos.

Paulus Fagius obijt 1550.
æt. 45.
SoLe orto VoLVCrVM regIna LæVatVr In ortV
FagIVs Vt sensIt teLa CrVenta neCIs.

Martinus Bucerus obijt
1551. æt. 61.
CVrrIt Vt obLIqVo per PIsCes traMIte PhœbVs:
BVCerVs feLIX regna ſVperna CapIt.

Gaſpar Hedio obijt 1552.
EXIVLIt ora ſeqVens OCtobrIs LVCIfer IDVs:
HeDIo VbI parCæ Lege ſoLVtVs obIt.

Munſterus obijt 1552. æt. 63.
QVIntILIs fVerant LVCes Vt qVInqVe peraCtæ
MVnſtere è VVIs te CIta parCa rapIt.

Iuſtus Ionas obijt 1555. æt. 63.
IVſtVs Vt oCCVbVIt perCVLsVs fVnere Ionas
Frons CVM SoLe Nepæ TethyosIntrat aqVas.

Ioan.

Joan. Sleidanus obijt 1556.
æt 50.
Vndenas luſtris trieteridas adde trecentis
Octóque: Sleidani tempora mortis habes.

Ioan. Forſterus obijt.
1556. æt. 61.

ReLLIqVIt VItæ eXtInCtVs ForſterVs Vt aVras:
ACronICho Caſtor ſVrgIt aD aſtra graDV.

Ianus Cornarius obijt 1558.
æt. 58.

EXCeLLens PhœbI CornarI VIrIbVs artIs
EXVVIas ſoLVIt ParCa MaLIgna tVas.

Andreas Hyperius obijt
1564. æt. 53.

FLanDrIa qVeM genVIt, Haſsla noſtra tegIt.

Georgius Maior obijt 1574.
æt: 72.

FeLICI Vt genVIt MaIor te Vrbs NorICa LVCe
.Pes tVVs OrIon Veſpere LaVVs obIt.

Frid. 3. Pal. Elect. obijt
1576.

TVa LVX trIſtatVr aManDe.

Fertilitas ſub initio Belli
Colonienſis 1583.

Arbor, agrI, VItes ſVnt haC æſtate feraCes,
MIraqVe ConIVgII CopVLa beLLa parIt.

Aliud.

NVLLa fVere ſatIs CapIenDIs DoLIa VInIs
Hoc anno, teLLus sIC CopIoſa fVIt.

Rheni inundatio an. 1584.
in Ianuario.

HoC taCItI Iano fVIt VnDa sVperfLVa RhenI,
Et CLaDes agrIs IntVLIt hIſCe feras.

*In tribus hisce subiectis litera D. nullius est valoris:
quod tamen vt nouum, ita & elegans minus facileq́,
confusionem facere videtur.*

Seditio Colonienfis 1513.
ECCe CadVnt gLadIo fVpreMI CoLonIenfes.

Belgia reformata 1566.
ConCIo faCra fu t tVMIdI CeCIdere de aftrI.

Ioan. Mathefius obijt 1565. æt. 51.
SeCVrVs reCVbo hIC MVndi pertæsVs InIqVT:
Et dIdICI & doCVI VVLncra ChrIfte tVa.

Ioannis Stolfij Ereoft cha in vitam Lutheri.
Natiuitas 1483.
NatVs es Is LebII DIVIne propheta LVthere
ReLLIgIo fVLget te DVCe : papa IaCet. mantIs.

Annus Magifterij Philof. 1503.
ErfVrDI IVVenIs tItVLos CapIt Vrbe MagIftrI
LVftra sVæ ætatIs qVatVor aCta CoLens.

Annus Monachatus 1504.
Vana fVperftItIo CorpVs IVVenILe CVCVLLo
Ornat : Id oMne tIbI fraVdI age paDa fVIt.

Annus profeffionis Vitenb. 1508.
MIttItVr ALbIorIn, ChrIfto arXILIante LVtherVs:
QVantVs erat Vates, gLorIa qVanta fChoLæ?

An. Doctoratus & peregrinationis Rom. 1512.
StaVpICII eft IVfV tItVLos DoCtorIs aDeptVs,
Vt trVCIs ItaLIa VenIt ab Vrbe LIpI.

An. Relligionis inftauratæ. 1517.
ReLLIgIonIs opVs Cœno eXtrahIs, aVfpICe ChrIfto :
VeraX ô DeXtro nIXe LVthere Deo.

Annus

Annus Confessionis Çoram Caietano
Augustæ 1518.
AVgVsta ChrIstVM profItetVr In Vrbe LVtherVs,
Non CVrans VVLtVs PræsVL aCerbe tVos.

Annus disputationis Lipsicæ
1519.
ECCIVs et IVstI, VICtVs VIrtVte LVtherI,
DIspVtat Vt IVLII LIPsIa In Vrbe DIe.

Annus Confess. in vrbe Vangionum 1521.
Cæsaris ante peDes, proCeres stetIt ante potentes,
ACCoLa qVa RhenI VangIo LIttVs aDIt.

Annus Matrimonij 1525.
SeDItIo agrICoLæ ferro est restInCta potentI,
FœDera ConIVgII Casta LVtherVs InIt.

Annus Confess. Augustanæ.
exhibitæ Carolo. 1530.
AVgVstæ statibVs FIDeI ConfesIo CVnCtIs
ProposIta est : ChristI gLorIa Læta reDIt.

Annus obitus 1546.
Nona bis obsCVro LVX FebrVa ConstItIt ortV
In patrIo Vt MorerIs CLare LVthere SoLo.

De eodem Ioannis Stigelij.
Fortis & eXtreMæ VeraX ætatIs HeLIas
CeLsa pIVs CœLI teCta LVtherVs habet.

De eodem Adami Siberi.
QVæ genVIt, rapVIt te sanCte IsLeba LVthere,
CœLo anIMVs frVItVr : LeVCorIs ossa tenet.

FINIS.